Christian Graf von Krockow:
Friedrich der Große
Ein Lebensbild

Mit fünf Abbildungen

Deutscher
Taschenbuch
Verlag

Frontispiz: Kronprinz Friedrich. Ölgemälde von
Antoine Pesne, 1728.
Staatliche Schlösser und Gärten Potsdam-Sanssouci.

Von Christian Graf von Krockow
sind im Deutschen Taschenbuch Verlag erschienen:
Die Reise nach Pommern (30046)
Politik und menschliche Natur (11151)
Die Stunde der Frauen (30014)
Heimat (30321)

Ungekürzte Ausgabe
Januar 1993
Deutscher Taschenbuch Verlag GmbH & Co. KG,
München
© 1987 Gustav Lübbe Verlag GmbH, Bergisch Gladbach
ISBN 3-404-61189-6
Umschlaggestaltung: Klaus Meyer
Umschlagabbildung: Staatliche Schlösser und Gärten
Potsdam-Sanssouci (Wasserfarbe auf Elfenbein von
Anton Friedrich König, 1769)
Umschlagfoto Rückseite: Yvel Hyppolite, Berlin
Fotos der Abbildungen: Jürgens Ost + Europa-Photo, Berlin
Gesamtherstellung: C. H. Beck'sche Buchdruckerei,
Nördlingen
Printed in Germany · ISBN 3-423-30342-5

Das Buch

Preußen, ein armes, rückständiges und zerrissenes Land, steigt im 18. Jahrhundert zur europäischen Großmacht auf. Aufbauend auf dem Fundament, das sein Vater Friedrich Wilhelm I., der »Soldatenkönig«, gelegt hat, ist dies das Werk Friedrichs II., den schon seine Zeitgenossen »den Großen« nannten. Christian Graf von Krockow zeichnet das Lebensbild des berühmten Preußenkönigs von der Jugend, die geprägt ist von dem schreckensvollen und tragischen Konflikt mit dem Vater, bis zur Einsamkeit des Alters. Der Machtpolitiker und der Feldherr, der Regent und »erste Diener seines Staates«, der Reformer des Rechts und der Aufklärer auf dem Thron werden sichtbar. Vor allem aber entsteht das bewegende Bild des Menschen Friedrich, das Generationen hindurch vom Glanz und Nachruhm des Königs nahezu verdeckt war. Krockow geht es dabei weder um Verherrlichung noch um Verdammung, sondern um eine sorgsam differenzierende Würdigung des Königs und seines Erbes und darum, daß eine Rückbesinnung auf die dort vorgelebten preußischen Tugenden auch für die politische Kultur unseres Staates in mancher Hinsicht wünschenswert wäre.

Der Autor

Christian Graf von Krockow, 1927 in Ostpommern geboren, studierte Soziologie, Philosophie und Staatsrecht. Als Professor für Politikwissenschaft lehrte er in Göttingen, Saarbrücken und Frankfurt am Main. Seit 1969 lebt er als freier Wissenschaftler und Publizist in Göttingen. Neuere Buchveröffentlichungen u. a.: ›Der Wandel der Zeiten‹ (1984), ›Die Reise nach Pommern‹ (1985), ›Die Reise nach Pommern in Bildern‹ (1987), ›Politik und menschliche Natur‹ (1987), ›Die Stunde der Frauen‹ (1988), ›Die Deutschen in ihrem Jahrhundert. 1890–1990‹ (1990), ›Fahrten durch die Mark Brandenburg‹ (1991), ›Preußen. Eine Bilanz‹ (1992).

Inhalt

Erstes Kapitel
Vater und Sohn: Das Königsdrama

Die Nachricht erwies sich als europäische Sensation, sie lieferte den Höfen, den Kanzleien und überhaupt allen, die sich fürs große Weltgeschehen interessierten, Stoff zum Spekulieren: Am 8. Juli oder nach alter Kalenderrechnung am 27. Juni des Jahres 1709 war der sieggewohnte Schwedenkönig Karl XII. von den Russen bei Poltawa vernichtend geschlagen worden. Es ließ sich absehen, daß Schweden als militärische Großmacht und protestantische Vormacht im Norden Europas ans Ende gelangte. Entsprechend stand es mit seiner deutschen Mission, mit der Gegenmacht zu Kaiser und Reich, die Gustav II. Adolf achtzig Jahre zuvor im Dreißigjährigen Krieg begründet hatte. Kaum abzusehen war dagegen, ob ein anderes Land diese Rolle würde übernehmen können. Gab es Nachfolge-Kandidaten?

Bei einer Umfrage unter Informierten und Weitsichtigen wäre an erster Stelle wahrscheinlich Sachsen genannt worden. Hatte es unter dem Herzog Moritz nicht schon einmal das Machtstreben des Kaisers – Karls V. – entscheidend durchkreuzt? Handelte es sich nicht um ein wirtschaftlich starkes und rasch aufblühendes Land, geprägt von dem Gewerbefleiß seiner Bewohner, mit der Messestadt Leipzig als dem weithin ausstrahlenden Handelszentrum? Erwies die wirtschaftliche Macht sich nicht immer deutlicher und direkter als Grundlage der politischen, weil von ihr die Steuerkraft abhing, also die staatliche Leistungsfähigkeit, ganz besonders die militärische? Und trug der Kurfürst von Sachsen, August der Starke, nicht zugleich die polnische Königskrone, würde die schwedische Katastrophe nicht ihm vor allem nützlich sein? Gewiß: Diese polnische Krone war von August mit dem Übertritt zum katholischen Bekenntnis erkauft worden, eine recht seltsame Voraussetzung dafür, in die Rolle der protestantischen Vormacht hineinzuwachsen. Doch lag nicht zutage, daß die Konfessionsfrage mehr und mehr sich im Schatten der rein politischen Machtentfaltung verlor?

Sachsen also. Oder sollte man vielleicht an dessen nördlichen Nachbarn denken, an den Kurfürsten von Brandenburg? Wohl kaum. Zwar hatte der sich gerade – am 18. Januar 1701 – im fernen Königsberg als Friedrich I. selbst die Krone eines »Königs in Preußen« aufgesetzt. Aber dieser kuriose Titel, andeutend, daß er nur außerhalb der Grenzen des alten Reiches gelten sollte, brachte keinen Machtgewinn, weit eher die Belastung, die an der Eitelkeit, am bloßen Schein haftet. Viel Geld war nach Wien geflossen, um die Einwilligung des Kaisers zu erkaufen; noch mehr Geld kostete die Prachtentfaltung des König-Spielens. Anders als in Sachsen fehlte jedoch das wirtschaftliche Fundament. Das Land hatte sich von den Schrecken, vom Ruin des Dreißigjährigen Krieges noch immer kaum erholt. Es blieb menschenarm; große Teile Ostpreußens wurden von späten Zügen der Pest zusätzlich entvölkert. Bittere Armut herrschte ohnehin.

Vor allem gab es in Brandenburg-Preußen weder den unvordenklich gewachsenen inneren Zusammenhalt einer Stammesgemeinschaft noch natürlich oder vernünftig zu nennende äußere Grenzen. Um von den Gebietsfetzen und umstrittenen Ansprüchen weit im Westen nicht zu reden: Zwischen die Hauptgebiete, die Mark Brandenburg und Hinterpommern auf der einen, Ostpreußen auf der anderen Seite, schob sich als Sperriegel das »Preußen Königlich Polnischen Anteils«. Mit dieser Zerrissenheit war wahrlich kaum Staat zu machen. Und wie dann eine Großmacht?

Das neue Königtum als drückende Last statt als stärkende Kraft stellte sich übrigens den Untertanen sinnfällig dar: Die beiden ersten Söhne des Kronprinzen Friedrich Wilhelm starben kurz nach ihrer Geburt. Man erzählte, daß die Krone, die man ihnen als Zeichen künftiger Würde aufsetzte, die zarten Kinderschädel eingedrückt habe. Das mochte ein Gerücht sein, Ausgeburt böswillig düsterer Phantasie; im Schloß wie in der

Bauernkate gehörte die Kindersterblichkeit zum alltäglich Vorkommenden. Aber symbolträchtig wirkte der Vorgang dennoch. Etwas Unheimliches, etwas wie von Blut und Tod noch vor dem wirklichen Leben schien an dieser preußischen Krone zu haften.

Und gleichwohl: Allen Berechnungen des Wahrscheinlichen und Unwahrscheinlichen zum Hohn stieg Preußen im 18. Jahrhundert zur Großmacht empor, als Gegenmacht Österreichs und zeitweilig beinahe ganz Europas, zur Verblüffung, zum Schrecken oder zur Begeisterung der Mitwelt, zum Staunen noch im Rückblick aus allen Generationen seither. Fragt man nach den Triebkräften des unwahrscheinlichen Aufstiegs, so kann es im Grunde nur eine Antwort geben: Es handelt sich um das Werk zweier Herrscher, des Vaters und des Sohnes – Friedrich Wilhelms I., des Soldatenkönigs, und Friedrichs II., des Großen. Im Zeitalter der Demokratie, in dem alle Staatsgewalt vom Volke ausgehen soll, mag das höchst anstößig wirken: Machen Männer die Geschichte? Man muß differenzieren, statt im Ja oder Nein sich zu verlieren. Es gibt Umstände oder Zeiten, in denen noch dem bedeutendsten Staatsmann kaum eine Möglichkeit bleibt, als zum Begriff und zur Form zu führen, was ohnehin geschieht. Es gibt andere Umstände und Zeiten, in denen beinahe alles davon abhängt, was ein einzelner tut oder versäumt. Der Aufstieg

Preußens im 18. Jahrhundert gehört in diese zweite Kategorie.

Vater und Sohn: Sie sind so verschieden wie nur möglich. Sie prallen aufeinander in der Wut und im Schrecken, in Verachtung und Angst, im Haß. Aber sie gehören zusammen, sie bedingen sich, sie kommen voneinander nicht los. Der Aufbruch und Durchbruch Preußens zur europäischen Großmacht, den Friedrich bewirkt, wäre überhaupt nicht vorstellbar ohne die Staatsverwaltung und vor allem ohne die Armee, die der Vater geschaffen hat. Und die Soldatenspielerei Friedrich Wilhelms wäre andererseits genau dies geblieben: eine Spielerei, die bizarre Laune eines barocken Despoten, hätte der Sohn es nicht verstanden, das geschaffene Instrument zielbewußt zu nutzen.

Als Friedrich Wilhelm I. im Jahre 1713 den Thron besteigt, fegt er sofort und mit harter Hand beiseite, was Friedrich – dem Vater – teuer gewesen war: all den Prunk oder Plunder barocker Hofhaltung und galanten Lebens. Überflüssiges wird verkauft, Tafelsilber eingeschmolzen, der Stellenplan von den Zeremonienmeistern bis zu den Kutschern und Kutschpferden rigoros zusammengestrichen. Den König selbst bekommt man bald nur noch in der völlig schmucklosen Uniform eines Obersten zu sehen, einen kleinen, sehr dicken, von Gicht und Wassersucht geplagten Mann, schwer auf seinen Stock gestützt. Wenn er aufs Pferd steigen will, müssen ihm vier kräftige Männer helfen. Wenn er überhaupt Vergnügungen kennt, dann sind es nicht die der höfischen Zivilisation, sondern die sehr schlichten des Bürgers oder die eher derben eines Landedelmannes: das Männergespräch beim Bier und die Jagden in den weiten Wäldern um das enge und düstere Schloß Wusterhausen. Auch die Rangordnung bei Hof wird umgestürzt: Die Zivilisten sehen sich zurückgedrängt, der Soldat rückt auf. Noch der jüngste Fähnrich gilt mehr als ein in Ehren ergrauter Geheimer Rat.

Es handelte sich um einen radikalen Umsturz, gewissermaßen um eine Revolution »von oben«, deren Konturen erst im europäischen Vergleich sichtbar werden. Das Modell höfischen Lebens, das die Prachtentfaltung mit strenger Etikette verband, stammte aus Frankreich, aus dem Versailles Ludwigs XIV., des »Sonnenkönigs«, der noch regierte, als der »Soldatenkönig« sein Werk begann. Überall versuchten große und kleine Herrscher diesem Modell nachzueifern, zum Beispiel August der Starke in Dresden, der es sich leisten konnte, wie auch all die anderen, die es sich nicht leisten konnten. In Preußen, in Berlin, entstand nun das Gegenmodell, von dem ein Besucher mit Staunen berichtet: »Ich sehe hier einen königlichen Hof, der nichts Glänzendes und nichts Prächtiges als seine Soldaten hat. Es ist also möglich, daß man ein großer König sein kann, ohne die Majestät in dem äußerlichen Pomp und in einem langen Schweif buntfarbiger, mit Gold und Silber beschlagener Kreaturen zu suchen. Hier ist die Hohe Schule der Ordnung und der Haushaltskunst, wo Große und Kleine sich nach dem Exempel ihres Oberhauptes mustern lernen.«

Eine hohe und harte Schule in der Tat: Friedrich Wilhelm wird der große, der schlechthin überragende und dauerhaft prägende Erzieher zu einer spezifischen Einstellung und Haltung, zu jenem kantigen Gefüge von Tugenden, die wir seither als »typisch preußisch« oder – von Preußen her – als »typisch deutsch« einzustufen gelernt haben: Fleiß und Pflichterfüllung, Ordnungssinn und Sparsamkeit, Disziplin, Nüchternheit, Präzision und Pünktlichkeit. Dabei handelt es sich eigentlich um die »klassischen« Bürgertugenden der Neuzeit, besonders in ihrer radikal protestantischen, calvinistischen Form. Friedrich Wilhelm hatte als Kronprinz bei Bildungsreisen in die Niederlande aus eigener Anschauung kennengelernt, was diese calvinistischen Bürgertugenden hervorbringen können: ein wirtschaftlich blühendes, im Vergleich zu dem armen und rückständigen Preußen beinahe unvorstellbar reiches und dazu noch mächtiges Gemeinwesen.

Hier allerdings, in Preußen, fehlten beinahe alle Voraussetzungen, um auch nur von ferne Vergleichbares zu erreichen. Ein selbstbewußtes und tatkräftiges Bürgertum gab es seit der Katastrophe des Dreißigjährigen Krieges kaum noch. Beinahe alle Städte duckten tief ins Ländliche sich ein, und Ackerbürger waren mindestens ebenso bedeutsam wie Handwerker und Kaufleute. Unternehmer im modernen Sinne blieben eine Rarität. Sogar in Berlin war es nicht viel anders. Nach der Eingliederung der Schwester- und Vorstädte im Jahre 1709 zählte die Hauptstadt gerade sechsundfünfzigtausend Einwohner, die Beamtenschaft und die Garnison schon eingerechnet. Noch Jahrzehnte später, als Friedrich der Große den französischen Gesandten, den Marquis de Valory, einmal fragte, ob Berlin in seiner Größe nicht mit Paris zu vergleichen sei, lautete die ironische, für den König bittere Antwort: »Gewiß, nur daß wir in Paris weder säen noch ernten.«

Dem armen Agrarland, dessen beherrschende Schicht seit je der Adel bildete, fehlte also ganz und gar die Gesellschaft, die in den Niederlanden sich beispielhaft entwickelt hatte. Es gab für die Verwirklichung des bürgerlichen Tugendmodells nur eine Möglichkeit: seine Verstaatlichung, die Revolution »von oben«, von der Herrscherpersönlichkeit her. Dafür war allerdings im Hause Hohenzollern eine wichtige Vorbedingung schon erfüllt: der Calvinismus von oben. Im Jahre 1613, also genau ein Jahrhundert vor der Thronbesteigung des Soldatenkönigs, war Kurfürst Johann Sigismund zum reformierten Glauben übergetre-

14

ten. Dieser ererbte Calvinismus wurde bei Friedrich Wilhelm durch eine kräftige Beimischung pietistischer Frömmigkeit zusätzlich aktiviert.

Aber welch eine Herkulesarbeit, welche Erziehungsleistung war nun zu erbringen, Stunde um Stunde, Tag für Tag, Jahr um Jahr, ein Leben lang, gegen Unverständnis, Trägheit und Widerstand ringsumher! Der Widerstand begann bereits im engsten Kreis, in der eigenen Familie. Davon wird bald und eingehend zu reden sein. Es galt auch, den Widerstand eines hartschädeligen, standesstolzen Adels zu brechen und ihm ein neues Ehrgefühl einzupflanzen: die Ehre des Dienens in Staat und Armee. Den besonders widerborstigen ostpreußischen Ständen schrieb der König bei der Einführung einer Landessteuer ins Stammbuch: »Ich ruiniere die Junkers ihre Autorität; ich komme zu meinem Zweck und stabilisiere la souveraineté wie einen rocher von bronce.« Dagegen hieß es wohlwollend von den ärmeren und daher fügsameren Pommern – im Politischen Testament von 1722, in der königlichen Original-Rechtschreibung: »Die pommerschen Wassallen seindt getreue wie goldt, sie Resonnieren wohll bißweilen, aber wen mein Successsor saget, es soll sein und das Ihr sie mit guhtem zurehdet, so wierdt Keiner sich da wieder Mowieren gegen Eure Befehlle.«

In den Städten kam es darauf an, bei den Kaufleuten und in den Gewerben den Unternehmergeist anzutreiben oder überhaupt erst zu wecken.

Wie stand es zum Beispiel mit der Wollverarbeitung, die – bei Strafe des Galgens! – im Lande statt im Ausland erfolgen sollte? Oder wie mit der Tuchmanufaktur? Offenbar schlecht. Also mußte der Staat eingreifen und selbst zum Unternehmer werden. Schon im Jahr der Thronbesteigung wurde in Berlin das »Königliche Lagerhaus« als Tuchmanufaktur gegründet, die sich zum größten Unternehmen dieser Art in Europa entwickelte – bei freilich bequem garantiertem Massenabsatz für eine der bald größten Armeen Europas.

Aber der Vorgang zeigt zugleich, wie sehr es ohne den Antrieb von oben an Aktivität mangelte. Daher kümmerte sich der König persönlich um alles und jedes, von den Laternenanzündern bis zum Hebammenwesen. Niemand durfte müßig sein; die Marktfrauen sollten, wenn sie nicht gerade verkauften, nicht schwatzen, sondern Strümpfe stricken. Wo der fürsorgliche Landesvater auf Müßiggänger traf, schlug er mit seinem Stock auf sie ein. Doch wer konnte sich vor dem anspruchsvollen Wüterich schon seines Fleißes rühmen und des guten Gewissens sicher sein? Die Leute versteckten sich, wenn sie ihn erblickten. Als er einmal – mühsam, in seiner gichtgeplagten Korpulenz – einen jüdischen Händler einholte, stellte er ihn zur Rede: Warum er davonlaufe? »Weil ich mich fercht«, sagte der Mann, der Wahrheit gemäß. »Lieben sollt ihr mich, ihr Ka-

16

naillen, lieben!« schrie der König, mit einem Hagel von Hieben. Es geschah doch alles zum Besten dieser erbärmlich trägen, borniertem Untertanen!

Erst recht erwies sich in dem Agrarland Preußen natürlich die Landwirtschaft als Problem. Wie nur konnte man die Domänenverwalter, die Gutsherrn, die Bauern zu besserem Wirtschaften antreiben? Der König erließ Vorschriften über Vorschriften, ungewiß bloß ihrer Wirkung: fürs Pflügen, für die Aussaat, die Ernte, das Dreschen, für das Entwässern und Eindeichen, für die Abwehr der Wölfe, die in die Herden einfielen. Er reiste umher, er sah und kritisierte: Warum verfielen diese Ställe, wann endlich würde jener vom Blitzschlag eingeäscherte Hof wieder aufgebaut sein? Er befahl: Moore müssen entwässert werden, Getreidevorräte sind anzulegen, um in Jahren der Mißernte der Teuerung zu steuern. Und Siedler wurden ins Land gerufen, besonders in das von der Pest entvölkerte Preußisch-Litauen. Die Aufnahme der aus dem Salzburgischen vertriebenen Protestanten mochte einen Akt der Menschenfreundlichkeit darstellen; nützlich war sie außerdem. »Menschen halte ich für den größten Reichtum«, schrieb der König.

Aber die wohl schwersten Sorgen bereitete Friedrich Wilhelm die große Maschine, die alles in Gang bringen und in Gang halten sollte: der Staatsapparat. Überall Gleichgültigkeit, Schlendrian, Verschwendung und Verzopftheit, Ämterschacher und Bestechlichkeit. Wieder sollten Anweisungen, exakte Regeln helfen; in einem Zug diktierte der König seine General-Instruktion für die Beamten, in fünfunddreißig Kapiteln mit zweihundertsiebenundneunzig Paragraphen: Dienst nach Vorschrift! Doch wozu taugen die besten Instruktionen, wenn ihre Einhaltung nicht peinlich genau, mit immer wachem Mißtrauen geprüft wird, besonders was das Geld angeht, die Einnahmen und Ausgaben auf Heller und Pfennig? Als spezielle Prüfungsinstitution wurde im Jahre 1714 die General-Rechen-Kammer gegründet, von der aus eine gerade Linie bis zum Bundesrechnungshof unserer Tage führt. Nur, einmal mehr und wie überall: Was halfen die Vorschriften und die Institutionen, wenn der König nicht selbst als Antriebskraft wirkte und persönlich nach dem Rechten sah?

Insgesamt kann man sagen: Das preußische Gegenmodell zum französischen Vorbild Europas, zum Absolutismus des »Sonnenkönigs«, diese calvinistische Revolution »von oben« stellte ganz unerhörte Anforderungen an den, der den Mut oder die Verwegenheit besaß, sie auszulösen. Mit- und Nachwelt haben die Verwegenheit des Sohnes bestaunt; vielleicht sollte man ein wenig von diesem Staunen auch dem Vater zuwenden, selbst wenn dessen Art von Verwegenheit nicht aufs Schlachtfeld führte. Denn nur mit dem Lebenseinsatz seiner ganzen Person bekam das preußische Wagnis eine Chance zum Gelingen. An seinen Freund, den Fürsten Leopold von Anhalt-Dessau, den »Alten Dessauer«, schrieb Friedrich Wilhelm in einem Brief vom 28. Juli 1721: »Parol auf dieser Welt ist nichts als Müh und Arbeit.« Ein wahrhaft königliches – und ein wahrhaft preußisches Motto.

Was aber hat der König mit so viel Mühe und Arbeit, mit all seinem Pflichteifer eigentlich erreicht? Etwas ganz anderes natürlich als im niederländischen Beispiel. Mit dem Staats-Calvinismus »von oben« statt des Calvinismus »von unten« eines im Kern bürgerlichen Gemeinwesens ändern sich nicht bloß die Methoden, sondern auch die Ziele. Das Aufrücken des Soldaten vor den Zivilisten in der Hofrangordnung deutet den Vorgang symbolträchtig an: Alles Bemühen um Wirtschaftsförderung, um die Hebung des Wohlstands ist nicht Selbstzweck, sondern bloßes Mittel, um die Steuerkraft zu stärken und damit den Aufbau einer Militärmacht zu ermöglichen. Nicht von ungefähr trägt Friedrich Wilhelm I. den Beinamen »der Soldatenkönig«.

Die Logik wirkt bestechend einfach. Betrachtet man politische Fragen in der Perspektive des Staates statt in der der Gesellschaft, dann geht es in erster Linie um die Durchsetzung und Behauptung eigener Macht im Existenzkampf mit anderen Mächten. Die Beziehungen zwischen den

Staaten bleiben ihrem Wesen nach stets offen und ungewiß, allen fürstlichen Heiratsprojekten, diplomatischen Manövern und Verträgen zum Hohn. Jeder strebt nach Ausdehnung auf Kosten des Nachbarn. Was am Ende zählt, ist die Gewalt, die aus den Gewehrläufen und Kanonen kommt, ist die Macht, die die Bajonette kommandiert und über die stärkeren Bataillone gebietet.

Gegen Mißverständnisse: Dies gilt in der Perspektive des Staates, nicht in der der Gesellschaft. Es gilt auch nicht zu allen Zeiten in der gleichen Weise. In der Epoche der Religionskämpfe kommt es oft genug zum Bürgerkrieg, zum blutigen Streit zwischen Staatsgewalt und Untertanen, der mit dem Umsturz der Herrschaftsverhältnisse oder mit der Massenflucht und Vertreibung von Bürgern abweichender Konfession enden kann. Ähnlich ist es wiederum im Zeitalter der ideologischen und sozialen Fronten, das die Französische Revolution eröffnet. Aber in der Zwischenepoche, besonders im 18. Jahrhundert bis 1789, erweist sich tatsächlich die Staatsgewalt gegenüber der Gesellschaft in ungewöhnlich hohem Maße als souverän – oder als »absolut«, um den Ausdruck zu verwenden, der dieser Epoche den Namen gab. Politik ist jetzt entscheidend und zentral Außenpolitik, Machtbeziehung zwischen den Staaten, und alles andere bleibt untergeordnetes Mittel zum Zweck der Machtentfaltung. Gesellschaftliche Probleme werden weitgehend ausgespart; die Zeit der konfessionellen Kämpfe ist vorüber, die des Nationalismus noch nicht angebrochen. Nicht die kollektiven Leidenschaften, die weltanschaulichen Konflikte und die Klassenkämpfe bestimmen das Bild der Epoche, sondern die Machtapparate, die von Individuen repräsentiert und gelenkt werden.

Versteht man es so, dann hat der Soldatenkönig die Zeichen der Zeit nur deutlicher erfaßt und, vor allem: Er ist ihnen konsequenter, genauer, um nicht zu sagen brutaler gefolgt als andere Herrscher. Wahrscheinlich kam ihm dabei zustatten, daß Preußen in so hohem Maße ein künstliches Gebilde ohne »natürliche« Stammesgrundlagen und weit in die Geschichte zurückreichende Bindungen war. Es konnte sich daher mit weniger Rücksicht auf Traditionen entfalten und bewegen als andere Staaten. Gegen Ende des absolutistischen Zeitalters hat der Spötter Mirabeau gesagt, Preußen sei in einer Kanonenkugel ausgebrütet worden. Mirabeau wird auch – wohl fälschlich – der Satz zugeschrieben: »Die preußische Monarchie ist nicht ein Land, das eine Armee, sondern eine Armee, die ein Land hat, in welchem sie gleichsam nur einquartiert steht.« Aber damit wird – ganz ohne Ironie – das Geheimnis der Machtentfaltung Preußens in seiner »klassischen« Periode aufgedeckt. Sie war klassisch in dem Sinne, daß Preußen sich so genau mit den Bedingungen der Epoche in Übereinstimmung brachte, um nicht zu sagen: sie geradezu »idealtypisch« verkörperte. Das machte seine Modernität aus – und erklärt den Abscheu wie die Bewunderung, die es bei den Zeitgenossen erregte.

Bei seinem Regierungsantritt begann der Soldatenkönig sofort mit der Vergrößerung der Armee. Bei seinem Tode im Jahre 1740 zählte sie beinahe dreiundachtzigtausend Mann. Rechnet man diese Zahl als Anteil auf die Landesbevölkerung um, so waren das 3,8 Prozent. Im europäischen Vergleich handelte es sich um die viertstärkste Armee des Kontinents, obwohl Preußen nach seinem Gebiet erst an zehnter und nach seiner Bevölkerung sogar erst an dreizehnter oder vierzehnter Stelle stand. Wenn man sich dies an heutigen Verhältnissen anschaulich macht, dann müßte die Bundeswehr auf über zwei Millionen Mann mehr als vervierfacht werden. Dabei wäre noch zu bedenken, daß der Überschuß über das Existenzminimum hinaus, das der einzelne Bürger im 18. Jahrhundert erwirtschaften konnte, ungleich geringer blieb als unter den Bedingungen der modernen Industriegesellschaft. Folgerichtig verschlang die Armee – in Friedenszeiten! – den bei weitem größten Teil, rund achtzig Prozent des Staatshaushalts. Ein Staatsschatz für den Kriegsfall wurde überdies stetig angesammelt.

Die Armee war aber nicht nur ungewöhnlich

groß, sondern auch ungewöhnlich tüchtig. Ihr Exerziermeister, der »Alte Dessauer«, rüstete sie mit dem eisernen Ladestock aus; er brachte ihr den Gleichschritt und überhaupt den maschinengleichen Drill bei, durch den jede Bewegung »wie im Schlaf« funktionierte. Diese Armee konnte sich schneller zum Kampf formieren und schneller schießen als andere Armeen. Sonderbar genug kam gerade in dieser Zeit der Spruch auf: »So schnell schießen die Preußen nicht.« Damit war die geradezu hasenfüßige Zurückhaltung des Königs von außenpolitischen Verwicklungen und kriegerischen Abenteuern gemeint. Als frommer Calvinist verabscheute Friedrich Wilhelm I. das Glücksspiel in jeder Form, und er wußte, wie kostspielig und wie schwer ersetzbar die von ihm geschaffene Kriegsmaschine war. Die einzige Beute, die er nach dem Zusammenbruch der schwedischen Großmacht während seiner Regierungszeit einbrachte, war Vorpommern bis zur Peene mit Stettin, ein Gebiet, auf das er zudem wohlbegründete Erbansprüche erheben konnte. In dem inzwischen polnischen Stettin erinnert bis heute das »Berliner Tor« an diesen Vorgang.

So ängstlich zurückhaltend der Soldatenkönig sich außenpolitisch verhielt, so erfinderisch erwies sich der große Erzieher in seinem Bestreben, den Geist militärischer Hierarchie und Disziplin im ganzen Lande zu verbreiten. Er richtete Kadettenanstalten als Pflanzstätten des adligen Offiziersnachwuchses ein – und ließ die Söhne eines zunächst noch widerstrebenden Adels mit Nachdruck, ja mit Gewalt in diese Anstalten entführen. Der König gründete auch das Potsdamer Militärwaisenhaus. Ausgediente Soldaten wurden zu Subalternbeamten ernannt, nicht zuletzt zu Schulmeistern. Sogar im Bereich der Kirche hielt das soldatische Denken des Landesherren Einzug. Denn es wurde in der Regierungszeit Friedrich Wilhelms üblich, Pastoren zunächst als Feldprediger einzustellen, bevor sie auf zivile Pfarrämter rechnen durften, um sie auf solche Weise mit dem Militärgeist zu durchtränken.

Noch weit wichtiger und am Ende schlechthin entscheidend war die Zusammenführung von Thron und Adel im Offiziersdienst. Im kurmärkischen, pommerschen und ostpreußischen Adel gab es bald kaum mehr eine Familie ohne Söhne, die nicht »dienten« oder gedient hatten. Daraus entwickelte sich eine Doppelfunktion. In seiner typischen Karriere entschied sich der junge Adlige zunächst für die Offizierslaufbahn, die ihn zum Dienst und zum Befehlen erzog, während er zugleich selbst Soldaten, überwiegend Bauernsöhne, disziplinierte. Später nahm er dann seinen Abschied, um als Rittmeister oder Major a. D. das väterliche Gut zu bewirtschaften – und seine Bauern oder Gutsleute als »König im kleinen« in eben dem Geiste zu regieren, zu dem er in den prägsamen »schönsten Jahren seines Lebens« her-

angebildet worden war. Als Kirchenpatron wählte er überdies den Dorfpfarrer und sah auf dessen
»Haltung«. Läßt sich eine wirksamere Durchsetzung der preußischen Erziehung überhaupt vorstellen?

Um diese Überlegungen bildhaft abzuschlie-
ßen: Der König wirkte buchstäblich als Vor-Bild.
Die Leute sahen, wie er selbst des Königs Rock
trug, den schmucklosen blauen Offiziersrock.
Und sie gewöhnten sich an diesen Rock als ihren
eigenen: Die Soldaten, durch welche die Majestät
allgegenwärtig schien, lebten noch nicht in Kaser-
nen konzentriert am Rande oder abseits der Städte, sondern weit verstreut in Bürgerquartieren,
sofern sie nicht ohnehin zur Arbeit beurlaubt waren. Und sie erhielten jährlich eine neue Montur,
so daß sie die abgetragene an Angehörige weiter-
geben oder an ihre Wirtsleute verhökern konnten. Das blaue Tuch aber stammte aus der königlichen Manufaktur, die es als Massenlieferant der
Heeresware preiswert herstellte. So näherte sich
das Preußen der großen Könige beinahe dem Bild
von den »blauen Ameisen«, das wir uns in den
Jahren der Kulturrevolution vom maoistischen
China gemacht haben.

Die Bühne ist bereitet, das Königsdrama kann
beginnen. Am 24. Januar 1712, einem Sonntag,
wird dem Kronprinzen Friedrich Wilhelm der er-
sehnte, überlebenskräftige Sohn geboren, zur

Freude noch des Großvaters, dessen Namen er erhält: Friedrich. Glockengeläut und Salutschüsse machen die Bevölkerung mit dem Ereignis bekannt.

Aber Wolken, finster genug, überdunkeln rasch den Anschein von Glück. Zunächst einmal handelt es sich um ein Ehedrama. Friedrich Wilhelm und seine Gemahlin Sophie Dorothea verstehen sich nicht. Vielmehr, schlimmer: Sie verirren sich ohne Ausweg in Abscheu und Haß. Dies hat, paradox genug und doch folgerichtig, damit zu tun, daß der fromme Soldatenkönig eigentlich eine schlichte, gutbürgerliche, moralisch einwandfreie Ehe ohne Seitensprung oder auch nur Seitenblick auf mögliche Mätressen führen möchte. Gerade dadurch fühlt sich Sophie Dorothea tief gekränkt und zur bloßen Gebärmaschine – insgesamt vierzehn Geburten – herabgewürdigt.

Die stolze Welfin aus dem Hause Hannover, das dank des von der Gemahlin des »Winterkönigs« Friedrich von der Pfalz ererbten Stuartbluts im Jahre 1714 auf den englischen Thron gelangt, sieht sich weit schlimmer als durch den Ehebruch betrogen: geprellt um die königliche Rolle, im Mittelpunkt einer prunkenden Hofhaltung zu glänzen. Nichts soll erlaubt sein, nicht einmal das Spiel um Geld; wenn der König naht, muß es hastig verschwinden und zum Anschein der Unschuld durch Kaffeebohnen ersetzt werden. Und dann überhaupt dieser plumpe, ebenso jähzornig polternde wie sentimentale, tränenselige Kerl ohne Empfinden für Schönheit und Stil! Gewiß werden Fürstenehen nicht im Himmel geschlossen; sie folgen dem diplomatischen Zweck statt der Herzensneigung; darum ergibt ihre Entlastung durch Liebhaber und Mätressen durchaus einen Sinn. Eben darum verlangen sie aber nach der Kompensation, nach der repräsentativen Prunkrolle, aus der dieser preußische Grobian so schändlich ausbricht wie ein Deserteur seines Soldatenwahns, den er dafür mit dem Spießrutenlaufen grausam bestraft.

Der König spürt das ihm Fremde und Feindliche – und erwidert die Enttäuschung: Ist er nicht ein vorbildlicher Ehemann, der seine Pflichten getreulich erfüllt wie kaum einer seiner Standesgenossen? Warum kann Sophie Dorothea das nicht einsehen und sich dankbar zeigen? Aber so sind wohl die Frauen, nur der Eitelkeit ergeben, bloß zum Kinderkriegen zu gebrauchen. In der Tiefe indessen spielt wohl noch mehr mit: eine Angst vor den Frauen überhaupt. Wirklich wohl fühlt sich der König nur in ihrer Abwesenheit, in der freimütig derben Männerrunde des Tabakkollegiums. Und seine eigentliche Liebe gilt den Soldaten, besonders seiner Garde der »langen Kerls«, für die der kleingewachsene Pfennigfuchser Unsummen ausgibt – und die er heimlich Mann für Mann eigenhändig porträtiert. Er bekennt: »Das schönste Mädchen, das man mir verschaffte, wäre mir gleichgültig. Aber Soldaten, das ist meine Schwäche, damit kann man mich so weit bringen, wie man will.«

Etwas Sonderbares ist daran, etwas Erotisches, Homoerotisches, ein männerbündischer Geist oder Ungeist – und dies, wohlgemerkt, durchaus unabhängig von der sexuellen Triebrichtung des einzelnen. Zum Vergleich: Eigentlich überall sonst gibt es die große, nicht selten sogar die bestimmende Rolle der Frau. Man denke an die Gottesmutter im Heiligtum einer Nation – die Schwarze Madonna von Tschenstochau in Polen –, an die weltliche, alle männlichen Herrscher überstrahlende Landesmutter – Maria Theresia in Österreich –, auch an Mätressen in Frankreich, die so oft so viel mehr sind, als sich in der borussischen Perspektive erkennen läßt. Sogar in den protestantischen Niederlanden und in England gibt es bedeutende Frauenfiguren; mitunter wirken sie derart repräsentativ, daß man nicht von ungefähr von ihrem, etwa vom elisabethanischen oder vom viktorianischen Zeitalter spricht. Man denke ferner an die Salonkultur, in deren Mittelpunkt stets eine schöne, geistvolle Frau steht.

Nichts von alledem in Preußen. Die bezähmende, sänftigende, zivilisierende und kultivierende Rolle der Frau gibt es nicht. Und einmal mehr hat der große Erzieher zum Preußentum langfristig prägend gewirkt. Über das friderizianische Preußen wird zu reden sein. Das galante Zwischenspiel Friedrich Wilhelms II. zeigt sich in der preußisch-deutschen Geschichtsschreibung bloß negativ: als Zeit der Dekadenz, auf die bei Jena und Auerstedt die Schicksalsstrafe folgt. Die Königin Luise wird zwar verehrt – allerdings erst, nachdem sie, gottlob, früh gestorben ist und weil sie gegenüber ihrem angstvoll zaudernden Mann gewissermaßen die Hosenrolle des entschlossenen Patrioten übernimmt. Die zarten Knospen einer Salonkultur verdorren noch vor ihrer Blüte, auch wegen ihres jüdischen Ursprungs oder Beiklangs. Bismarck, der große Charmeur, füllt seine ›Gedanken und Erinnerungen‹ mit Haß gegenüber politisierenden Frauen, denen er beinahe alle Quertreibereien zuschreibt, die er nur finden oder erfinden kann. Wilhelm II. lebt und webt in Männerfreundschaften, nicht bloß auf Nordlandreisen. Im Nationalsozialismus und bei Hitler erreicht die Frauenverachtung einen düsteren Gipfel. Und wie eigentlich sieht es nach 1945 aus, wie in der Bundesrepublik – oder in der DDR?

Zurück zum Ehedrama: Unwillkürlich und unvermeidbar wird der Sohn in den Konflikt zwischen Vater und Mutter hineingezogen, jedenfalls sobald er über die Phase des Kleinkindes hinauswächst, von der wenig überliefert ist, weil niemand sie einst für wichtig hielt. Oder weit mehr noch, viel schlimmer: Der Sohn wird zum wesentlichen Objekt, sozusagen zum Hauptkriegsschauplatz des Konflikts. Denn er ist der Thronfolger, den jeder mit seinen Hoffnungen und Ängsten besetzt.

Der König weiß, daß sein preußisches Modell mit der Persönlichkeit des Herrschers steht und fällt, mit seiner Urteilsfähigkeit, Entschlußkraft und Leistungsbereitschaft im Dienst des Staates – das heißt mit einem Verzicht auf das Ausleben persönlicher Neigungen, mit einem Verzicht auf Glück. Wenn der Nachfolger nicht fortführt, was unsagbar mühsam begonnen wurde, war alles umsonst, das eigene Lebensopfer für nichts erbracht, womöglich dem Gespött preisgegeben. Die Neigung aller Väter, Söhne nach dem eigenen Bilde zu formen, steigert sich daher bei Friedrich Wilhelm zu einer Besessenheit, hinter der als Triebkraft die Angst um sein Preußen steht. Dagegen die Königin, von Friedrichs um drei Jahre älterer Schwester Wilhelmine frühreif und listenreich unterstützt: Wenn der Thronfolger zur europäischen Norm, zur höfischen Zivilisiertheit zurückfindet und die barbarischen Spuren des Vaters tilgt, kann vielleicht noch alles gut werden. Oder, tiefer und dunkler angelegt: Das Schicksal kann ihn zum Rächer des zertretenen Glücks, der erlittenen Schmach bestellen.

Der König, so scheint es, hat in dem beginnenden Duell die weitaus besseren Waffen. Er diktiert, wie der Kronprinz erzogen werden soll. Wieder einmal hagelt es Vorschriften – und Schläge, wenn sie im geringsten mißachtet werden; der Tageslauf des Jungen wird bis in alle Einzelheiten reglementiert: »Am Sonntag soll Er des Morgens um sieben Uhr aufstehen; sobald Er die Pantoffeln anhat, soll Er vor dem Bette auf die Knie niederfallen und zu Gott kurz beten, und zwar laut, daß Alle, die im Zimmer sind, es hören können, wie folgt: ›Herr Gott, heiliger Vater! ich danke dir von Herzen, daß du mich diese Nacht so gnädiglich bewahrt hast; mache mich geschickt zu deinem heiligen Willen, und daß ich nichts möge heute, auch alle meine Lebtage tun, was mich von dir scheiden kann, um unseres Herrn Jesu, meines Seligmachers Willen, Amen!‹ Und hierauf das Vaterunser. Dann soll Er sich geschwinde und hurtig anziehen und sich propre waschen, schwänzen und pudern, und muß das Anziehen, wie auch das Frühstück, Tee – welches einzunehmen ist, während der Kammerdiener schwänzt und pudert – in einer Viertelstunde fix und fertig sein, alsdann es ein Viertel auf acht Uhr ist.« So beginnt es, es geht so fort, Stunde für Stunde und Tag um Tag die ganze Woche hindurch bis zum Ende: »Am Sonnabend soll des Morgens bis halb elf Uhr in der Historie, im Schreiben und Rechnen alles repetiert werden, was Er die ganze Woche gelernt hat, auch in der Moral desgleichen, um zu sehen, ob Er profitiert hat. Und es soll der General Graf von Finkenstein und der Obrist von Kalkstein mit dabei sein. Hat Er profitiert, so ist der Nachmittag vor Fritzen. Hat Er aber nicht profitiert, so soll Er von zwei bis sechs Uhr alles repetieren, was er in den vorigen Tagen vergessen hat.«

Natürlich werden auch die Inhalte des Unterrichts genau vorgeschrieben: biblische Geschichte und die Geschichte der letzten hundert Jahre, Rechnen, eine »elegante und kurze Schreibart im Deutschen und Französischen« ... Zum Lehrer wählt Friedrich Wilhelm den Sohn eines hugenottischen Glaubensflüchtlings aus Frankreich: Jacques Egide Duhan de Jandun. Der ist dem König im Jahre 1715 bei der Belagerung von Stralsund aufgefallen als Soldat, der sich durch Tapferkeit auszeichnet. Für einen Pädagogen offenbar die ideale Voraussetzung, denn darauf kommt es vor allem anderen an: aus dem kleinen Fritz einen Soldaten zu machen.

Aber der große Erzieher zum Preußentum scheitert kläglich bei der Erziehung des eigenen Sohnes. Er scheitert sozusagen an allen Fronten. Schon Duhan wird zum Problem. Er ist nicht bloß ein tapferer, sondern auch ein gebildeter Mann, und soweit er vermag, möchte er seinem Zögling über das Vorgeschriebene hinaus zu wirklicher Bildung verhelfen, zum Beispiel zu einer Kenntnis des Lateinischen als der Sprache der Gelehrten. Der König hat das verboten; von den Gelehrten hält er ohnehin nichts, und sein eigener junger Kopf hatte sich gegen das Lateinische undurchdringlich gesperrt. Sollte nun der Sprößling sich als klüger erweisen? Was folgte, zu welchen Auftritten und Zwischenfällen es kam, hat Friedrich der Große später einmal, während des Siebenjährigen Krieges, seinem Vorleser de Catt eindringlich geschildert:

»Ich war ein Kind und lernte ein wenig Latein; ich deklinierte mit meinem Lehrer..., als plötzlich mein Vater ins Zimmer trat. ›Was machst du da?‹ ›Papa, ich dekliniere ...‹, sagte ich in kindlichem Ton, der ihn hätte rühren müssen. ›O du Schurke, Latein für meinen Sohn! Geh mir aus den Augen!‹, und er verabreichte meinem Lehrer eine Tracht Prügel und Fußtritte und beförderte ihn auf diese grausame Weise ins Nebenzimmer. Erschreckt durch diese Schläge und durch das wütende Aussehen meines Vaters verbarg ich mich, starr vor Furcht, unter dem Tische, wo ich in Sicherheit zu sein glaubte. Ich sehe meinen Vater nach vollbrachter Hinausbeförderung auf mich zukommen – ich zittere noch mehr; er packt mich bei den Haaren, zieht mich unter dem Tische hervor, schleppt mich so bis in die Mitte des Zimmers und versetzt mir endlich ein paar Ohrfeigen.«

Das Ergebnis solcher Auftritte kann nur eine Erziehung zur Heuchelei, zur Verstellung sein: Man spielt dem Wüterich etwas vor und verbirgt vor ihm, was man wirklich denkt und tut. Erst recht gilt das an der zweiten Front, bei der Königin. Sie sabotiert nach Kräften die Bemühungen ihres Gemahls. Heimlich läßt sie die Kinder zu sich kommen, verwöhnt sie, steckt ihnen Literatur zu, besonders französische Romane, die man als wertvoll und jugendgeeignet kaum wird einstufen können, die aber der Junge, im Kamin verborgen, beim nächtlichen Kerzenschimmer verschlingt. Die grotesken Szenen bleiben nicht aus: Wenn der König naht, werden die Kinder versteckt. Einmal, nach unerwarteter Rückkehr, schläft er im Lehnstuhl bei Sophie Dorothea ein, und Stunde um Stunde muß Wilhelmine im zerdrückten Reifrock unter dem Bett, Friedrich aber in der Toilette der Königin ausharren.

Und dann und vor allem ist da dieser Sohn und Thronerbe selbst, körperlich zwar zart, beinahe schwächlich – und schon darin mehr das Gegenbild als das Abbild seines Vaters. Aber zugleich intellektuell wie musisch hoch begabt, hellwach und wißbegierig, empfindsam, selbstbewußt, ausgerüstet mit einem unglaublich zähen Willen, sich zu behaupten. Er biegt sich, aber er zerbricht nicht. Er lernt nur verachten, woran der König sein Herz gehängt hat: den Soldatenrock, den er seinen »Sterbekittel« nennt, die Jagden in Wusterhausen, den Pfeifenqualm, den Bierdunst, die derben Späße im Tabakkollegium. Und den Glauben des Vaters, der ihm als bizarre Frömmelei erscheint. Er lernt bewundern, was weit aus der Ferne als Gegenbild leuchtet: französische Zivilisation und Aufklärung.

Friedrich Wilhelm mag ein Tolpatsch sein, zerrissen zwischen Jähzorn und Reue, Pflichtbewußtsein und Minderwertigkeitsgefühlen – »Gott weiß, wie geringe opinion ich von mir immer gehabt«, vertraut er vor dem Tode seinem Freund, dem Dessauer, an. Doch gerade diese Zerrissenheit läßt ihn weit mehr erfassen, als die zur Schau gestellte Robustheit ahnen läßt. Er spürt das Undurchdringliche, das abgründig Fremde und Feindliche in dem Sohn, das ihm angst macht; keine Verstellung kann ihn täuschen. Während einer Tauffeier bei General von Grumbkow, dem engen Berater und wichtigsten Minister, tritt der König auf den Zwölfjährigen zu und sagt: »Ich möchte wohl wissen, was in diesem kleinen Kopfe vorgeht. Ich weiß, daß er nicht so denkt wie ich; es gibt Leute, die ihm andre Gesinnungen beibringen und ihn veranlassen, alles zu tadeln.« Dabei redet der König sich in hilflose Wut, aus anfänglich leichten Klapsen werden Kopfnüsse, schallende Ohrfeigen; schließlich zerschlägt er das Tafelgeschirr. Grumbkow rettet die Situation, indem er sich betrunken stellt und für Ablenkung sorgt: Er beginnt selbst damit, das eigene Geschirr zu zerschlagen. Kreidebleich steht unterdessen Friedrich im Kreis der verlegenen Festgäste.

Die öffentlichen Prügelszenen häufen sich fortan, aus der Wut der Ohnmacht, aus der Sorge um das preußische Lebenswerk geboren. Und durch nichts, kein Schauspiel der Sohnesliebe, keine

Demütigung, kein Stiefelküssen läßt der Vater sich in Sicherheit wiegen. Er ahnt, er weiß: Dieser Erbe ist ganz und gar verstockt und mißraten.

Alles wird noch schlimmer, als Friedrich Wilhelm sich von dem Sechzehnjährigen zu einem Besuch am kurfürstlichen, am wahrhaft königlichen Hof Augusts des Starken in Dresden begleiten läßt. Eine andere Welt: Prachtentfaltung, rauschende Feste, schöne Frauen, Kunstliebe, Musik, Theater, Ballett, geistreiche Gespräche. Und während der König zum Gespött wird – seine Ballhose platzt, und eine zweite hat er nicht mitgenommen –, glänzt der Kronprinz mit Flötenspiel und Konversation; einen glücklichen Brief an die Schwester Wilhelmine unterschreibt er mit mehr Eitelkeit als Kunst der Rechtschreibung als »Frédéric le Pfilosophe«.

Dem angehenden Philosophen begegnet noch anderes: An einem Abend führt August seine Gäste durch die Gemächer, eine Tapetenwand fällt, und dahinter liegt hüllenlos nackt eine schöne Mätresse, die Gräfin Formera. Friedrich Wilhelm reißt den Hut vom Kopf und hält ihn dem Sohn vor die Augen. Zu spät! Die Formera, so heißt es, führt den Prinzen in die Liebe ein. Friedrich dementiert nicht, Wilhelmine kolportiert es; wahrscheinlich ist weit weniger daran, als die Neugier glauben möchte – wie auch bei den späteren Vorfällen, über die der österreichische Gesandte Seckendorff diplomatisch, aber

36

wohl zutreffend nach Wien berichtet: »Dieses ist die stärkste Passion, so man allerdings bei dem Kronprinzen noch zur Zeit remarquiret deswegen viele Unordnung zu befürchten, wenn es zur Wissenschaft des Königs kommen sollte. Man hält aber dafür, daß die Kräfte des Körpers die Neigung des Willens nicht genug secundiren, folglich der Kronprinz in seinen Galanterien mehr einen eitlen Ruhm sucht als eine sündliche Neigung.«

Es mag nun gewesen sein, wie es wolle; der Dresdener Traum jedenfalls fliegt rasch vorüber, und die Rückkehr nach Berlin macht alles nur noch schlimmer, düsterer, auswegloser. Friedrich versucht es mit einem Brief: »Mein lieber Papa. Ich habe mich lange nicht unternehmen mögen, zu meinem lieben Papa zu kommen, teils weil es mir abgeraten, vornehmlich aber weil ich mich noch einen schlechteren Empfang als den ordinären, sollte vermuten sein; und aus Furcht, meinen lieben Papa mehr mit meinem gegenwärtigen Bitten zu verdrießen, habe es lieber schriftlich tun wollen. Ich bitte also meinen lieben Papa, mir gnädig zu sein, und kann hiebei versichern, daß nach langem Nachdenken mein Gewissen mir nicht das Mindeste gezeihet hat, worin ich mir etwas zu reprochieren haben sollte; hätte ich aber wider mein Wissen und Willen getan, das meinen lieben Papa verdrossen habe, so bitte ich hiermit untertänigst um Vergebung, und hoffe, daß mein lieber Papa den grausamen Haß, den ich aus allem Seinen Tun genug habe wahrnehmen können, werde fahren lassen. Ich hoffe, daß mein lieber Papa dieses alles nachdenken und mir wieder gnädig sein wird; indessen versichere ich Ihm, daß ich doch meiner Tage nicht mit Willen fehlen werde ...«

Der liebe Papa weiß es besser; noch am gleichen Tage gibt er bitteren Bescheid: »Sein eigensinniger böser Kopf, der nicht seinen Vater liebet; denn wenn man seinen Vater liebet, so tut man, was er haben will, nicht wenn er dabei steht, sondern wenn er nicht alles sieht. Zum anderen weiß er wohl, daß ich keinen effeminierten Kerl leiden kann, der keine menschlichen Inklinationen hat, nicht reiten noch schießen kann, und dabei malpropre an seinem Leibe, seine Haare wie ein Narr sich frisiert und nicht verschneidet, und ich alles dieses tausendmal reprimandieret, aber alles umsonst und keine Besserung in nichts ist. Zum anderen hoffärtig, recht bauernstolz ist, mit keinem Menschen spricht und nicht populär und affable ist, und mit dem Gesicht Grimassen macht, als wenn er ein Narr wäre, und in nichts meinen Willen tut, als mit der Force angehalten; nichts aus Liebe, und er alles dazu nicht Lust hat, als seinem eigenen Kopf folgen, sonsten alles nichts nütze ist. Dieses ist die Antwort. Friedrich Wilhelm.«

Ein Heiratsplan kommt auf, das Projekt einer britisch-preußischen Doppelhochzeit: Friedrich soll die englische Prinzessin Amalie heiraten, Wilhelmine den Thronfolger, den Prinzen von Wales. Die Geschwister sind begeistert; sie sehen eine Chance, der preußischen Tyrannei zu entkommen. Die Väter allerdings teilen diese Begeisterung nicht. Friedrich Wilhelm haßt das Welfenhaus schon um seiner Frau willen, und Georg II. von England verabscheut den plumpen Vetter, diesen brandenburgischen Emporkömmling.

Aber Diplomatie ist im Spiel, große Politik: Preußen mit seiner mächtigen Armee könnte für England einen idealen Festlandsdegen abgeben, sei es gegen den Kaiser oder gegen Frankreich. Der Soldatenkönig dagegen wird hin und her gerissen zwischen seinem Haß, dem Stolz, zum Partner einer wirklichen Großmacht aufzurükken, der Furcht vor unabsehbaren europäischen Verwicklungen.

Natürlich ist auch der Wiener Hof alarmiert; Prinz Eugen kennt den Wert der preußischen Hilfstruppen aus langer militärischer Erfahrung. Seckendorff, der österreichische Gesandte in Berlin, wird beauftragt, das Unheil mit allen Mitteln abzuwenden. Wahrlich mit allen Mitteln: Der Kriegskamerad Friedrich Wilhelms aus dessen Kronprinzenzeit, ein trinkfester Soldat, besitzt einerseits das volle Vertrauen des Königs. Andererseits besticht er, wen er nur bestechen kann – und das heißt, wie sich zeigt, jeden: von Grumbkow, dem Minister, über Reichenbach, den preußischen Gesandten in London, bis hin zu Schreibern, Kammerdienern und Zofen. Übrigens auch Friedrich erweist sich als würdiger Partner des bösen Spiels; vom englischen Geschäftsträger läßt er sich seine Schulden bezahlen – und verdoppelt auf die Frage nach deren Höhe geistesgegenwärtig die Summe, um gleich fürs künftige Schuldenmachen gerüstet zu sein; später hat er österreichisches Geld genommen. Allenfalls kann man sagen, daß er auf seine besondere Weise unbestechlich geblieben sei:

Nie hat er sich dankbar gezeigt. Das Geld, das die fremden Höfe dem Kronprinzen zustecken, erweist sich als miserable Investition.

Es lohnt sich kaum, die Einzelheiten weiter auszumalen; sie sind schlimm genug. Und es bleibt ein müßiges Gedankenspiel, sich vorzustellen, wie wohl die deutsche, wie die europäische Geschichte verlaufen wäre, wenn die Heiratspläne verwirklicht worden wären. Jedenfalls scheitern sie am Ende. Sie zerbrechen an der täppischen Unentschlossenheit Friedrich Wilhelms, dem sie im Grunde seines Herzens immer zuwider waren.

Für Friedrich bedeutet das die schiere Katastrophe. Der König demütigt ihn schlimmer denn je und verhöhnt ihn noch dazu: »Wenn mein Vater mich so behandelt hätte, so hätte ich mich längst umgebracht. Aber du hast keinen Mut und bist ein bloßer Schurke.« Verzweifelt berichtet Friedrich der Schwester: »Wir erleben hier alle Tage die abscheulichsten Auftritte; ich bin dessen so müde, daß ich lieber um mein Brot betteln möchte, als in diesem Zustand weiterzuleben.«

Ums Brot in der Fremde betteln: Darin deutet sich ein letzter Ausweg aus der Ausweglosigkeit an – die Flucht. Zwei Freunde werden eingeweiht und zu Mitverschwörern gemacht: der heitere Peter Karl Christoph von Keith und der eher finstere, pockennarbige Hans Hermann von Katte. Der achtzehnjährige Kronprinz versteht sich nur leider aufs Wichtigste nicht, aufs Schweigen. Gerüchte von seinen Fluchtplänen breiten sich aus, gelangen bis zum König. Der trifft Vorkehrungen, läßt den Sohn verstärkt überwachen. Keith wird in die Festung Wesel versetzt, weitab am Niederrhein, Katte, der die Reisekasse verwaltet, im entscheidenden Augenblick in Berlin festgehalten. Friedrich wird gewarnt, alles sei verraten.

Er gibt nicht auf. Als er den König auf einer Reise nach Süddeutschland begleitet, sieht er seine Chance gekommen. Unter den Pagen des Königs ist ein Bruder von Keith; der soll nun helfen und Reitpferde besorgen, als die Reisegesellschaft am 5. August 1730 in den Scheunen von Steinsfurt, südlich von Sinsheim, übernachtet. Aber der Page ist nicht behende genug. Er taucht vor dem fröstelnd im Morgennebel wartenden Prinzen erst auf, als dessen Bewacher, Oberstleutnant von Rochow, schon auf den Beinen ist. Rochow durchschaut die Situation. Um aber Schlimmeres abzuwenden, schickt er den Pagen einfach wieder fort. Der jedoch verliert nun die Nerven; es geht um seinen Kopf. Um sich selbst zu retten, wirft er sich dem König zu Füßen und gesteht alles.

Friedrich Wilhelm muß an sich halten und den Schein wahren; man befindet sich auf fremdem Boden. Als aber in Wesel preußisches Gebiet erreicht ist, wird der Thronfolger sofort verhaftet und anschließend nach Küstrin geschafft. Auch Katte wird verhaftet; nur Keith kann nach England fliehen. Noch andere werden am Rande betroffen, schrecklich allerdings, zum Beispiel Doris Ritter, ein sechzehnjähriges Mädchen aus Potsdam. Friedrich hatte für sie geschwärmt, offenbar recht harmlos; eine peinliche Untersuchung durch Hebamme und Arzt beweist ihre Unschuld. Dennoch läßt der König sie öffentlich auspeitschen und anschließend – »auf ewig« – ins Spinnhaus von Spandau stecken.

Als die Vernehmungen beginnen, wirkt der Kronprinz so gefaßt wie jemand, der das Äußerste schon hinter sich hat. Ruhig beantwortet er die hundertachtundsiebzig ihm vorgelegten Fragen. Und auf die heiklen Zusatzfragen, die der König eigenhändig entworfen hat, reagiert er als vollendeter Diplomat. »Was ein Mensch verdiene, der seine Ehre bricht und Komplotte zur Desertion mache? Antwort: Er glaube nicht, gegen seine Ehre gehandelt zu haben. – Ob er meritiere, Landesherr zu werden? Antwort: Er könne sein Richter nicht sein. – Ob er sein Leben wolle geschenkt haben oder nicht? Antwort: Er unterwerfe sich des Königs Gnaden und Willen. – Dieweil er sich der Nachfolge unfähig gemacht habe durch Brechung seiner Ehre, ob er wolle die Nachfolge abtreten, um sein Leben zu behalten, und daß es vom ganzen Römischen Reich bestätigt werde? Antwort: Sein Leben wäre ihm so lieb nicht, aber Se. Königl. Majestät werde so sehr ungnädig nicht auf ihn werden.«

Wirklich nicht? Das Äußerste steht erst noch bevor. Ende Oktober tritt das Kriegsgericht unter dem Vorsitz des greisen Grafen Schulenburg zusammen, um über Friedrich, Keith und Katte zu urteilen. Für den Kronprinzen erklären sich die Offiziere für unzuständig. Keith wird in Abwesenheit zum Tode, Katte indessen mit knapper Mehrheit zur Festungshaft – »auf ewig« – verurteilt.

Der König wütet. Was bedeutet das schon nach einem Thronwechsel? Richten die Herren sich bereits auf künftige Zeiten ein? Er werde Gelegenheit finden, »diejenigen zu vernichten, die es mit seinen Kindern gegen ihn halten wollen«.

Unter solcher Drohung »soll das Krichgericht wieder zusammenkommen und anders sprechen«. Das Gericht bleibt fest, und Schulenburg beruft sich auf die Bibel: »Sehet zu, was ihr tut, denn ihr haltet das Gericht nicht den Menschen, sondern dem Herrn.« Daraufhin fällt der König selbst das Todesurteil, das – gnadenhalber – mit dem Schwert vollstreckt werden soll. An Katte läßt er ausrichten, daß es ihm leid tue, »es wäre aber besser, daß er stürbe, als daß die Justiz aus der Welt käme«.

Doch in Wahrheit geht es gar nicht um Katte. Es geht um das Königsdrama, um Vater und Sohn. Am Morgen des 6. November wird der Kronprinz, der vom Gericht und Urteil nichts weiß, sehr früh geweckt: In zwei Stunden wird man Katte vor seinen Augen hinrichten. Friedrich fleht um Aufschub; er will für den Freund sein Thronrecht, ja das eigene Leben bieten. Zu spät. Friedrich wird ans Fenster geführt; als er den Freund erblickt, ruft er mit einer Kußhand ihm zu: »Mein lieber Katte, ich bitte Sie tausendmal um Verzeihung.« Katte ruft zurück: »Nichts von Verzeihung. Ich sterbe mit tausend Freuden für Sie.« Noch bevor der Henker sein Schwert hebt und zuschlägt, ist Friedrich zusammengebrochen.

Ein weiter, vielleicht zu weiter Weg zurück ins Leben. Oder doch nur ein kurzer? Als Friedrich begreift, daß Katte geopfert wurde, weil der Vater ihn, den Sohn, zwar im Innersten treffen, aber zugleich verschonen will, faßt er sich erstaunlich rasch. »Seine Königliche Hoheit sind lustig wie ein Buchfink«, notiert der Küstriner Kammerdirektor Hille nur zwei Wochen später. Friedrich weiß, trotz allem wird die Zukunft ihm gehören. Der König ist nicht gesund, früher oder später – hoffentlich früh und nicht spät – wird der Tod ihn aus dem Weg räumen. Bewährte Intriganten und Zuträger der Macht, wie Grumbkow, lassen spüren, daß sie ähnlich denken; wenn man es klug anstellt, kann man mit ihnen rechnen. Denn auch sie wollen es mit der Zukunft nicht verderben. In der Zwischenzeit aber, auf dem Weg in die Zukunft, gilt es sich anzupassen. Der König will Bewährung und demütige Unterwerfung? Er soll sie bekommen – die Gesten jedenfalls, die Hülle. Im Kern ist davon nicht die Rede, nein, jetzt erst recht nicht und ganz im Gegenteil: Keine Unterwerfung und keine Demütigung wirkt mehr als solche, wenn sie als bloßes Mittel zum Zweck verstanden und kaltblütig genutzt wird.

Was Friedrich Wilhelm in dem durch Angst, Wut und Gewalt bestimmten Königsdrama von Vater und Sohn also wirklich erreicht hat, ist eine abgründige Gebrochenheit, ist der Bruch zwischen dem Äußeren und dem Inneren als das Überlebensprinzip, in dem das Leben selber wie unter einem Panzer erstarrt. Friedrichs Selbstachtung bleibt unbeschädigt, aber um den Preis der Menschenverachtung; ein junger Mann macht sich unangreifbar unter der Bedingung, sich niemals und von niemandem mehr ganz in der Liebe, ohne Vorbehalt in der Freundschaft ergreifen zu lassen. Womöglich macht genau dies ein beschädigtes Leben aus. Unsere Neigung zum Moralisieren und Aburteilen sollte bei seinem Anblick gefrieren.

Unterwerfung und Bewährung: Der Neunzehnjährige arbeitet bei der Kriegs- und Domänenkammer von Küstrin als Auskultator; heute würden wir von einem Referendar sprechen. Er erfährt, worum es im Alltag der Verwaltung geht: Hier muß ein Sumpf trockengelegt werden; dort kann man die Pacht erhöhen; bei der Landvermessung haben sich Fehler eingeschlichen, die zu korrigieren sind. Getreulich erstattet Friedrich dem Vater Bericht. Er überwindet sich zur Jagd und zählt die erlegten Wildschweine auf. Er beteuert, wie sehr er sich unter die Soldaten sehnt, wie lieb ihm die Uniform sein würde. Die Spannkraft des jungen Mannes wird freilich kaum ausgeschöpft. Es bleibt Zeit, das Verseschmieden zu üben – französisch natürlich –, Zeit sogar, die Frau des Obersten von Wreech anzuschwärmen. Er überschüttet sie mit seiner Versproduktion, und sie antwortet in gleicher Manier, nicht ohne klüglich anzumerken, daß ihr Mann bei der Abfassung geholfen habe.

Der König, wohlunterrichtet, läßt sich nicht täuschen. Zu den Versicherungen seiner Zuträger, wie sehr der Kronprinz sich gebessert habe,

46

merkt er an: »Ihr werdet euren Heiligen mit der Zeit noch besser kennen, daß nichts Gutes an ihm ist; aber seine Zunge ist gut, da fehlet nichts daran.« Und zur Nachricht von einer Erkrankung des Sohnes sagt er kalt: »Wie es prädestiniert ist, wird alles gehen; wo was Gutes an ihm wäre, würde er sterben, aber ich bin gewiß, daß er davon nicht stirbt, denn Unkraut vergeht nicht.« Schließlich, ein Jahr nach dem Fluchtversuch, kommt er dann doch selbst nach Küstrin. Friedrich demütigt sich, wie er nur kann; dreimal fällt er dem König zu Füßen und küßt seine Stiefel, zuletzt beim Reisewagen im Hof vor der gaffenden Menge. Der Vater überwindet sich wenigstens zur Geste der Versöhnung: Er umarmt den verlorenen Sohn und vergibt ihm feierlich.

Aber eine letzte und harte Probe steht Friedrich noch bevor: die königliche Wahl einer Gattin. Seine Schwester und Komplizin Wilhelmine ist schon gewissermaßen strafverheiratet worden: mit dem Erbprinzen von Bayreuth, den der König vor allem auf seine Trinkfestigkeit erprobt und für würdig befindet, während die Königin auf ihre Frage nach seiner Bildung zu hören bekommt, daß er den Katechismus gelernt habe.

Hohe Zeit also, nun auch für Friedrich den Anker der Ehe auszuwerfen. Mit allem gehörigen Aufwand an Intrigen, Bestechungen und diplomatischen Wendemanövern wird Friedrich Wilhelm vom Prinzen Eugen aus der Ferne, von

Seckendorff und Grumbkow aus der Nähe unmerklich zu seiner Entscheidung gelenkt: für Elisabeth Christine von Braunschweig-Bevern. Die ist zwar alles andere als eine gute Partie; sie kann weder durch Reichtum noch mit einer väterlichen Großmacht imponieren. Man muß sie nicht geradezu häßlich nennen, doch von strahlender Schönheit kann schwerlich die Rede sein. Und, schlimmer, von einem strahlenden Geist, von Bildung und vom Talent zu geschliffener Konversation erst recht nicht. Aber sie hat – von Wien aus gesehen – eine wichtige Eigenschaft: Sie ist eine Verwandte des Erzhauses, eine Nichte der Kaiserin, eine protestantische noch dazu – die einzige, die sich finden läßt.

Friedrich ist wütend oder sogar verzweifelt: Aber er faßt sich; in seinem Brief an den König heißt es: »... Und ist es mir lieb, daß mein allergnädigster Vater von der Prinzessin zufrieden ist. Sie mag sein wie sie will, so werde jederzeit meines allergnädigsten Vaters Befehle nachleben; und mir nichts Lieberes geschehen kann, als wenn ich Gelegenheit habe, meinem allergnädigsten Vater meinen blinden Gehorsam zu bezeigen.«

In Briefen an Grumbkow klingt es allerdings anders: »Was die Prinzessin von Bevern betrifft, so kann man auf eins rechnen: Wenn ich gezwungen werde, sie zu heiraten, werde ich sie verstoßen, sobald ich der Herr bin, und ich glaube, die

Kaiserin wäre darüber nicht sehr erbaut. Ich will keine Gans zur Frau haben.« Oder, eindringlicher: »Ich bin mein ganzes Leben lang unglücklich gewesen. Doch komme, was da will. Ich habe mir nichts vorzuwerfen, und ich habe genug ausgestanden für ein Verbrechen, das nichts als eine Verirrung war, und ich will mich nicht verpflichten, mein Leid bis in alle Ewigkeit auszudehnen. Ich habe noch Mittel, und ein Pistolenschuß kann mich befreien von meinem Leid und meinem Leben...« Und dann wieder im Wechsel der Tonart: Die größte Hure von Berlin sei ihm lieber – oder »Fräulein Jette ohne Geld und Gut«. Das übrigens ist Grumbkows einzige Tochter; Taktgefühl zeichnet den Kronprinzen so wenig aus wie den König. Grumbkow soll helfen, die verhaßte Ehe abzuwenden, aber der denkt nicht daran; schließlich winkt ihm aus Wien ein Lohn von vierzigtausend Gulden. Und so wird denn, intrigenbegleitet bis vor den Traualtar, die Hochzeit am 12. Juni 1733 glücklich – oder unglücklich – geschlossen.

Ist aber diese Ehe je wirklich vollzogen worden? Man darf es bezweifeln. Wie Seckendorff nach Wien berichtet: »Es schweben allerlei Gerüchte, daß der König mit vieler Überredung und Drohung den Kronprinzen ins Brautbett habe bringen müssen, darin er nicht länger als eine Stunde geblieben...« Später, als er tatsächlich der Herr ist, macht Friedrich seine Ankündigung wahr, die Haushalte werden getrennt. Die Königin lebt in Berlin oder in Schönhausen, aber Potsdam und Sanssouci hat sie nie betreten dürfen. Und damit alle wissen, was von dieser Ehe zu erwarten oder vielmehr nicht zu erwarten ist, ernennt er seinen jüngeren Bruder August Wilhelm zum »Prinzen von Preußen«, das heißt zum Thronerben.

Eigentlich bleibt in dieser rundum finsteren Geschichte nur eine, die unser Mitgefühl verdient: Elisabeth Christine. Immer bewahrt sie ihrem Gatten die Achtung, nie macht sie durch Skandale von sich reden. Von den Geldern, die ihr zustehen, widmet sie mehr als die Hälfte der Armenpflege. Still lebt sie bis ins Jahr 1797. Als sie stirbt, kann sie eine beinahe zufriedene Bilanz ziehen: »Gott hat mich gnädig bewahrt, daß ich mir keine Handlung vorzuwerfen habe, durch die irgendein Mensch mit meinem Wissen an seinem Glück gelitten hätte.« Wer schon darf das von sich sagen?

Für Friedrich hat sich aus der Heiratsaffäre immerhin eine erfreuliche Veränderung ergeben, sogar schon vorab. Da man nicht gut einen Verbannten festlich zum Altar geleiten kann, wird er aus Küstrin erlöst und in Neuruppin zum Kommandeur eines Grenadierregiments ernannt. Nun darf er also Soldaten exerzieren. Er tut es gründlich und gut; bei der jährlichen Besichtigung macht die Truppe einen vorzüglichen Eindruck, zur Überraschung und Zufriedenheit des Königs, der zum erstenmal etwas wie Achtung gewinnt. »Es steckt ein Friedrich Wilhelm in dir«, sagt er einmal. Ein scharfäugiger Beobachter meldet unterdessen nach Wien, der Sohn liebe die Soldaten noch mehr als der Vater. Zum Lohn kauft Friedrich Wilhelm Schloß Rheinsberg als künftigen Prinzensitz. Am Ende seiner Tage hat er sogar gesagt: »Ich sterbe zufrieden, da ich einen so würdigen Sohn und Nachfolger habe.« Aber Illusionen sind schwerlich erlaubt. Dies gilt dem Königserben, der das preußische Lebenswerk fortführen soll; zu einer wirklichen Aussöhnung zwischen dem Vater und seinem Sohn ist es niemals gekommen.

Neuruppin: eigentlich ein armseliges Nest, eine karge Garnisonsstadt, doch inmitten der stillen Schönheit märkischer Landschaft am Ufer des lang hingestreckten Ruppiner Sees idyllisch gelegen. Wie es für Friedrich dort war, hat Fontane geschildert: »Die Stadtwohnung läßt viel zu wünschen übrig, aber es bedrückt ihn nicht, denn wenigstens die Sommermonate gehören dem ›Garten am Wall‹. Hier lebt er heitere, mußevolle Stunden, die Vorläufer jener berühmt gewordenen Tage von Rheinsberg und Sanssouci. Allabendlich, nach der Schwere des Dienstes, zieht es ihn nach seinem ›Amalthea‹ hinaus. Der Weg durch die häßlichen Straßen der alten Stadt ist ihm unbequem, und so hat er denn für ein Mauerpförtchen Sorge getragen, das ihn unmittelbar aus dem Hofe seines ›Palais‹ auf den Wall und nach kurzem Spaziergang unter den alten Eichen in die lachenden Anlagen seines Gartens führt. Da blüht und duftet es; Levkojen und Melonen werden gezogen und auf leise ansteigender Erhöhung erhebt sich der ›Tempel‹, der Vereinigungspunkt des Freundeskreises, den der Kronprinz hier allabendlich um sich versammelt.«

Dieser Neuruppiner Kreis besteht fast durchweg noch aus Regimentskameraden, die dem landsässigen Adel entstammen, aus den Kleist, Rathenow, Knobelsdorff, Schenkendorff, Groeben, Buddenbrock, Wylich. Und wieder Fontane: »Das Leben, das er mit diesen Offizieren führte, war frei von allen Fesseln der Etikette, ja ein Übermut griff Platz, der unseren heutigen Vorstellungen von Anstand und guter Sitte kaum noch entsprechen dürfte. Fenstereinwerfen, Liebeshändel und Schwärmer abbrennen zur Ängstigung von Frauen und Landpastoren zählten zu den beliebtesten Unterhaltungsmitteln. Man war noch so unphilosophisch wie möglich.«

Längere Reisen – 1734 an den Rhein, 1735 nach Ostpreußen – unterbrechen die Idylle. Am Rhein steht der alte Prinz Eugen mit preußischen Hilfstruppen noch einmal im Kampf gegen Frankreich. Aber der berühmte Feldherr hat seine große Zeit hinter sich, und Friedrich kehrt enttäuscht zurück. Als wichtigste Erwerbung bringt er einen neuen Freund mit: Chasot, zum Auftakt eines französisch bestimmten Kreises.

1736 wird der von Knobelsdorff geleitete Umbau in Rheinsberg fertig. Ursprünglich ein gotischer Bau mit trutzigem Turm, der sich jetzt zum Spätbarock verändert hat, leicht und heiter, im Innern zarte Pastelltöne, viele Spiegel und Büsten, Deckengemälde. In einem der Seitentürme richtet Friedrich sein Arbeitszimmer ein. Später wird Heinrich, der Bruder, das Schloß übernehmen – und mehr Jahrzehnte in Rheinsberg verbringen als Friedrich Jahre. Heinrich: in vielem seinem Bruder ähnlich und wohl eben darum in Abneigung verbunden, bedeutender Feldherr und Diplomat, auch er zur Männerfreundschaft statt zur Frauenliebe bestimmt und französisch geprägt. Ein Leben im Schatten, hier wie überall; in unserer Erinnerung an Rheinsberg triumphiert Friedrich.

Der Schimmer von Kerzen; Musik klingt auf, Flötenspiel; Stimmengewirr, Gespräch und Gelächter: der Freundeskreis an der Tafelrunde. Es zählt, wer Geist beweist, neben dem Hugenotten Charles Etienne Jordan etwa der Kurländer Dietrich von Keyserlingk. Später einmal hat Friedrich gesagt: »Das Unglück hat mich immer verfolgt. Ich bin nur in Rheinsberg glücklich gewesen.«

Von Rheinsberg aus beginnt auch ein großer Dialog: der Briefwechsel mit Voltaire. Ein Wettstreit des Schmeichelns entbrennt, in den immer neue Superlative geworfen werden wie Regimenter in die Schlacht. Voltaire ist für Friedrich nicht nur der Größte unter den Lebenden, sondern unter allen Menschen, die je gelebt haben, Sokrates, Platon, Aristoteles, Cicero, Horaz, Augustus, Vergil in einer Person. Oder überhaupt ein göttliches Wesen: Jupiter, Apoll. Voltaire steht nicht zurück: Friedrich ist Cäsar, Mark Aurel, Salomon. Von keiner Seite freilich mangelt es den Schmeichlern an Hintergedanken. Voltaire entdeckt eine vielleicht unerschöpfliche Geldquelle, einen Beschützer und den Herrscher, der seine Ideen zur Aufklärung in die Tat umsetzen soll. Friedrich sucht schon den europäischen Herold, den Verkünder seiner Taten – und den Lehrer poetischer Sprache. Denn er will auch als das glänzen, was er nicht ist.

Voltaire müht sich nach Kräften; er weist darauf hin, daß man »opinion« ohne g schreibt und daß sich »tête« nicht auf »trompette« reimt. Doch was soll er tun bei einem jungen Mann, der ganz Wille und ganz Verstand ist, dem zwar die Gedanken und die mythologischen Bilder zufliegen, dem aber das Wichtigste fehlt: die Sinnenkraft des Poetischen?

Hinter der heiteren Fassade von Rheinsberg verbirgt sich indessen noch etwas anderes. Mit seiner ganzen Energie arbeitet Friedrich daran, die Bildung nachzuholen, die ihm versagt blieb.

Er liest wie besessen. Und wenn schon der Versuch mißlingt, völlig ohne Schlaf auszukommen, dann müssen doch vier Stunden für den Luxus der Ruhe genügen. Ein Weichling und Schöngeist, zu Ernsthaftem, zu Preußischem nicht zu gebrauchen? Da bereiten sich Überraschungen vor, den denen die Mitwelt noch nichts ahnt.

Ihre Stunde schlägt, als der unerbittliche Erzieher zum Preußentum, der Soldatenkönig Friedrich Wilhelm I., am 31. März 1740 stirbt. »Die Possen haben ein Ende«, sagt Friedrich zu dem einzigen ihm wirklich Vertrauten, seinem Kammerdiener Fredersdorf.

Zweites Kapitel
Fridericus Rex

Am Beginn der Neuzeit, im europäischen Aufbruch zur Eroberung der Welt, entdeckte Niccolò Machiavelli, der Diplomat und Gelehrte aus Florenz, die Grundlagen und die Abgründe politischer Macht. Das hat ihn durch die Jahrhunderte berühmt, mehr noch berüchtigt gemacht. Der Aufklärung erschien er wie eine Verkörperung des Bösen. Und Friedrich von Preußen, der Sohn der Aufklärung, verfaßte noch als Kronprinz in Rheinsberg seinen ›Antimachiavel‹, eine Streitschrift zur Widerlegung des großen Florentiners, freilich – bei genauerem Zusehen – mit manchen Vorbehalten. Die Abhandlung erschien 1740, gerade rechtzeitig zum Regierungsantritt, zunächst anonym. Aber der Helfer Voltaire sorgte dafür, daß der Verfasser bald bekannt wurde.

Man hat über Friedrichs Motive gerätselt: Glaubte er, was er sagte, führte ihm ein Jugendidealismus des Weltverbesserers die Feder? Oder handelte es sich um das abgefeimte Täuschungsmanöver des künftigen Königs, der als ein neuer Alexander schon von Schlachtendonner und Ländergewinn träumte, vom Ruhm, als »der Große« in die Geschichte einzugehen? War der Ehrgeiz im Spiel, sich als Literat, als Mann des Geistes einen Namen zu machen? Wahrscheinlich eine Mischung aus alledem, widerspruchsvoll genug. Vielleicht hat Ludwig Reiners den Kern getroffen, wenn er sagt, das Buch habe Friedrich einen wertvollen Dienst geleistet: »Er hat sich alle seine philosophischen Skrupel gegen Waffenruhm und Eroberung vom Herzen schreiben können; jetzt ist er sie los und bald wird die Welt es erfahren.«

Wie immer es sein mag, die Zeitgenossen hegen in jedem Fall hochgespannte Erwartungen. Was wird dieser junge, weiche, geistreiche, unsoldatische König tun? Natürlich zum europäischen Modell höfischer Prachtentfaltung zurückkehren, den Tempel der Musen errichten, ein Spree-Athen im märkischen Sand. Womöglich wird er Voltaire als leitenden Minister berufen, um die Aufklärung zum Staatsziel zu machen. Den verachteten »Sterbekittel«, die Uniform, wird er gewiß ablegen, ein für allemal, und die Armee halbieren. Für seine Freunde aber werden goldene Zeiten anbrechen. Als einer von ihnen bei der Nachricht vom Thronwechsel zu Friedrich eilen will und in der Hast einen Tisch umstößt, von dem Münzen auf den Boden rollen, ruft Knobelsdorff: »Jetzt Groschen aufklauben, wo es Dukaten regnen wird?«

Der Regen fällt höchst dürftig aus. Keith zum Beispiel, der Jugendfreund und Mitverschworene des Fluchtversuchs, wird zwar aus dem Exil zurückgerufen und zum Oberstleutnant ernannt, aber weder zum aktiven Dienst in der Armee noch zum persönlichen Umgang mit dem König zugelassen. Andererseits sehen sich die Vertrauten des Vaters keineswegs verstoßen. Als Leopold von Anhalt-Dessau fußfällig darum bittet, ihm Ämter und Autorität zu belassen, bekommt er eine doppelt überraschende Antwort: »Ich werde Euer Liebden alle Ämter belassen. Was die Autorität angeht, so weiß ich nicht, was Euer Liebden meinen. Autorität halte in diesem Lande nur ich.«

Zumindest Zeichen künden vom Sonnenaufgang. Die Folter wird abgeschafft – die Fälle von Hochverrat freilich ausgenommen. Und die Zensur wird aufgehoben, denn »Gazetten, wenn sie interessant sein sollen, dürfen nicht genieret werden«; freilich gilt das bloß fürs Feuilleton oder sonstwie nichtpolitische Nachrichten – und nur für sechs Monate. Der Bau einer Oper wird angekündigt, die Akademie zu neuem Leben erweckt, mit dem französischen Gelehrten Maupertius als Präsidenten. Christian Wolff, der berühmte Philosoph, den Friedrich Wilhelm aus Halle vertrieben hatte, darf unter Friedrich zurückkehren. Das Spielzeug des Soldatenkönigs, die kostenträchtige – und militärisch wertlose – Garde der »langen Kerls« verschwindet. Siebzehn Bataillone Infanterie, ein Regiment Husaren, je eine Schwadron Dragoner und Garde du Corps verschwinden allerdings nicht, sondern werden neu aufgestellt. Sparsamkeit bleibt ohnehin angesagt. Als die Kriegs- und Domänenkammer der Kurmark hundertfünfundneunzig Taler für die Besserung des Weges von Rheinsberg nach Neuruppin beantragt, bekommt sie zu hören: »Ich kenne den Weg und muß Mihr die Kriegskammer vohr ein großes Beest halten!« Ein Beobachter notiert mit Verblüffung: »Wenn das so weitergeht, so wird der Vater im Vergleich zu dem Sohn bald für einen Verschwender und einen Liebling des Volkes gelten.«

Aber die eigentliche Überraschung, die Friedrich seinen Zeitgenossen bereitet, führt in ganz andere, in historische Dimensionen. Wie später das populäre Lied es erzählt:

> Fridericus Rex, unser König und Herr,
> der rief seine Soldaten allesamt ins Gewehr,
> zweihundert Bataillone und an die tausend
>   Schwadronen,
> und jeder Grenadier kriegt sechzig Patronen.

Nur wenige Monate nach dem Thronwechsel in Berlin stirbt am 20. Oktober 1740 in Wien Kaiser Karl VI., und mit ihm sterben die Habsburger im Mannesstamme aus. Viel Mühe und noch mehr Geld hatte der Kaiser an die »Pragmatische Sanktion« gewendet, daran, von den deutschen Fürsten und den europäischen Mächten das Recht der Erbfolge für seine Tochter Maria Theresia anerkannt zu bekommen. Das Geld wäre besser in ein schlagfertiges Heer investiert worden. Denn was zählt vor dem Beutehunger der Mächtigen schon papierenes Recht? In der Stunde der Wahrheit erwies es sich als wertlos, und angesichts zerrütteter Finanzen und einer Armee in jämmerlichem Zustand blieb – so schien es – einer dreiundzwanzig Jahre jungen und hilflosen Frau keine Möglichkeit, als sich in das Schicksal zu fügen, das andere ihr bereiteten.

Die Gelegenheit macht Diebe. Trotz der Bedenken seiner zivilen und militärischen Berater Podewils und Schwerin zögert Friedrich keinen Augenblick: Maria Theresia wird seine Unterstützung nur finden um den Preis Schlesiens. Eine vergleichsweise wohlhabende Provinz, günstig gelegen, mit der Oder als verbindendem Strom, ein Sperriegel überdies zwischen Polen und Sachsen! Die Erbansprüche Brandenburg-Preußens mögen zwar so zweifelhaft wie vergilbt sein; Friedrichs sarkastische Randnotiz zu der bei Podewils bestellten Rechtfertigungsschrift lautet: »Bravo! Das ist die Arbeit eines trefflichen Charlatans.«

Aber was schert das den neuen Alexander? Seine Beweggründe enthüllt er in einem Brief an den Freund Jordan: »Meine Jugend, die Glut der Leidenschaft, der Ruhmesdurst, ja selbst die Neugier, um Dir nichts zu verhehlen, kurz ein geheimer Instinkt hat mich den Freuden der Ru-

König Friedrich II. im Alter von 34 Jahren. Ölgemälde von
Antoine Pesne (1746). Brühl, Schloß Augustusburg

he entrissen. Die Genugtuung, meinen Namen in den Zeitungen und später in der Geschichte zu sehen, hat mich verführt.« An anderer Stelle heißt es: »Der Besitz schlagfertiger Truppen, eines wohlgefüllten Staatsschatzes und eines lebhaften Temperaments: das waren die Gründe, die mich zum Kriege bewogen.« Und während – zur Täuschung – das heitere Leben in Rheinsberg demonstrativ weitergeht, mit Voltaire als gefeiertem Gast, läuft schon die Mobilmachung. Am 16. Dezember meldet Friedrich aus dem Feldlager seinem Minister in Berlin: »Ich habe den Rubikon überschritten, mit fliegenden Fahnen und klingendem Spiel.«

In der Tat: Ein Zurück wird es jetzt nicht mehr geben. Doch die lockende Frucht des Ruhmes läßt so leicht sich nicht pflücken, wie ein jugendlicher Held es sich ausmalt. Sie enthält einen bitteren Kern. Der Weg, der jenseits der Grenze beginnt, erweist sich als unsagbar lang. Wenn er gepflastert ist, dann mit Opfern, Entbehrungen, mit Not und Verzweiflung. Und er wird durchtränkt sein vom Blut unter dem düsteren Gestein des Todes.

Friedrich stößt auf eine Kraft zum Widerstand, mit der er gar nicht gerechnet hat, die ihm unbegreiflich bleibt: auf eine Frau, auf Maria Theresia. Eine sehr weibliche, sehr mütterliche Frau, die ihrem unbedeutenden Gemahl Franz von Lothringen wie nebenher sechzehn Kinder gebiert.

Wie eine Mutter will sie ihre Untertanen regieren, mit ganzer Herzenszuwendung – und wenn es sein muß streng aus der Liebe. Mit Verehrung, mit Liebe wird ihr gedankt. Aus der Liebe zum Land und zu den Menschen folgt der Stolz – und der Mut zum Kampf gegen jeden, der ihre Landes-Kinder ihr entreißen will, eine Unbeugsamkeit, die aufrecht bleibt, wo alle ringsum verzagen. Als die Mächte Europas sich wie Hyänen auf sie stürzen, schreibt sie an ihren Statthalter in Prag: »Jetzt, Kinsky, ist der Zeitpunkt da, wo es gilt, Courage zu haben... Ich habe meinen Entschluß gefaßt: Man muß alles aufs Spiel setzen, um Böhmen zu retten. Ich will nicht behaupten, daß ich das Land zugrunde richten will und daß es sich in zwanzig Jahren nicht wieder erholen wird; aber ich will meinen Grund und Boden behalten, und alle meine Armeen, einschließlich der ungarischen, sollen eher vernichtet werden, als daß ich irgend etwas abtrete... Holen Sie aus dem Land mit Gewalt heraus, was man nicht freiwillig bekommt. Sie werden sagen, daß ich grausam sei. Das stimmt, aber ich weiß, daß ich alle Grausamkeit, die jetzt geschieht, um mir das Land zu erhalten, eines Tages hundertfältig wieder gutmachen kann. Das werde ich tun; jetzt aber verschließe ich mein Herz dem Mitleid.«

Als sie ihre letzten Truppen von Italien aus an die Front wirft, schickt sie dem Befehlshaber ihr

Bild mit den Worten: »Lieber und getreuer Khevenhüller, hier hast Du eine von der ganzen Welt verlassene Königin vor Augen mit ihrem männlichen Erben: Was meinst Du, wird aus diesem Kinde werden? Handle, o Held und getreuer Vasall, wie Du es vor Gott und der Welt zu verantworten Dich getraust ... Sei versichert, daß Du und Deine Familie zu jetzigen und zu ewigen Zeiten von Unserer Majestät und allen Nachkommen alle Gnaden, Gunst und Dank, vor der Welt aber einen Ruhm erlangst. Solches schwören wir Dir vor Unserer Majestät. Lebe und streit wohl. Maria Theresia.« Dem alten Feldmarschall laufen die Tränen über die Backen, als er seinen Soldaten den Brief vorliest.

Es versteht sich im übrigen, daß Maria Theresia tief verabscheut, was sie als lebensfeindliche Haltung und als politische Gewalt in Friedrich und seinem Staat angelegt sieht. An ihren Feldmarschall Daun schreibt sie 1759, daß die »militärische Regierungsform« Preußens zu einer Gefahr werden könne, weil sie Österreich und die anderen Mächte zu einer dauernden Hochrüstung zwinge, die »endlich ganz Europa zur unerträglichen Last fallen« würde.

Man hat Friedrichs Überfall auf Schlesien ein Jahrhundertverbrechen genannt. Aber man muß mit den Maßstäben der Zeit messen. Sensationell wirkte allenfalls die Form dieses Überfalls. Alle Mächte gingen auf Raub aus, wenn nur die Gelegenheit sich bot. Sachsen zeigte Appetit auf Mähren, wie Bayern auf Böhmen und Frankreich auf die österreichischen Niederlande; in Italien wechselten Ländereien ohnehin je nach Lage den Besitzer. Und so fort und immer fort, von dem großen Weltduell zwischen Frankreich und England um riesige Überseereiche gar nicht erst zu reden, vor dem sich die Kämpfe in Mitteleuropa eher wie ein Provinztheater ausnehmen. Auch Österreich legte seine Hand zweimal auf Bayern. Das Land der Wittelsbacher wurde nur durch das Eingreifen Friedrichs gerettet, so daß zeitweilig – welch Sinn der Geschichte für Ironie! – in vielen bayerischen Bauernstuben neben der Heiligen Jungfrau das Bild des Preußenkönigs als des weltlichen Nothelfers zu sehen war.

Im übrigen bleibt zu bedenken, daß die herrschende Skrupellosigkeit eine gewissermaßen positive Kehrseite besaß, eine Zivilisiertheit, wie sie zuvor oder seither kaum jemals erreicht worden ist. So drückend die Lasten immer sein mochten, so bitter die Zerstörungen dort, wo Schlachten oder Belagerungen stattfanden, die Kriege blieben ihrem Prinzip nach begrenzt. Sie waren eine Sache der Staaten, der Fürsten und ihrer Kabinette, nicht der Bürger und der Völker. Für die Schlesier macht es am Ende wenig aus, ob sie Österreicher bleiben oder zu Preußen werden, und die ostpreußischen Stände huldigen im Siebenjährigen Krieg zwar zum Ärger Friedrichs, aber ohne Konsequenzen für ihre Lebensverhältnisse der Besatzungsmacht, das heißt der Zarin.

Friedrich hat in Schlesien zunächst leichtes Spiel. Die schwachen österreichischen Streitkräfte weichen aus oder verschanzen sich in wenigen festen Plätzen. Doch im folgenden Frühjahr ist auf einmal eine Armee unter Führung des Grafen Neipperg zur Stelle. Hastig werden die Truppen versammelt, und bei Mollwitz kommt es am 10. April 1741 zur Schlacht. Zwar sind die Österreicher an Zahl unterlegen, aber ihre Kavallerie fegt die preußische vom Feld. Der König, verwirrt und verzweifelt, läßt sich vom Grafen Schwerin fortschicken und reitet nach Oppeln, wo er beinahe in Gefangenschaft gerät und nur die Schnelligkeit seines Pferdes ihn rettet, weil die Stadt schon von feindlichen Husaren besetzt ist. Inzwischen gewinnt Schwerin, ein welterfahrener Kavalier und nervenstarker Haudegen, die Schlacht mit der Infanterie, die zeigt, was sie in der Schule des Alten Dessauer gelernt hat. Fasziniert beschreibt nach der Schlacht ein österreichischer Offizier diese zuvor belächelten Preußen: »Ich kann wohl sagen, mein Lebtag nichts Superberes gesehen zu haben; sie marschierten mit der größten Contenance und so nach der Schnur, als ob es auf dem Paradeplatz wäre. Das blanke Gewehr machte in der Sonne den schönsten Effekt, und ihr Feuer ging nicht anders als ein stetiges Donnergrollen.«

Für Friedrich bleibt in dem Sieg ein bitterer

Stachel. Nie, gegen all seine red- und schreibseligen Gewohnheiten, hat er später den Ritt nach Oppeln erwähnt; nie hat er Schwerin den Rat zur Flucht wirklich verziehen. Nie aber auch hat er seither sich geschont. Mehrfach werden ihm Pferde unter dem Leib erschossen und Begleiter neben ihm getötet. Bei Torgau trifft ihn eine Kugel, die von der Winterbekleidung und von der Tabaksdose aufgefangen wird. Manchmal, in verzweifelter Lage, scheint er den Tod auf dem Schlachtfeld geradezu zu suchen und muß beinahe mit Gewalt zurückgehalten werden: »Wollen Eure Majestät die Batterie allein erobern?« Bei Kunersdorf rettet ihn nur der Mut des Rittmeisters von Prittwitz und seiner Leibhusaren vor der Gefangennahme.

Der militärische Erfolg führt zu bedeutenden politischen Konsequenzen. Scheinbar leichte Beute weckt die Schakale. Zwischen Preußen, Frankreich, Bayern, Sachsen, Spanien und Sardinien entsteht ein Bündnis, während Österreich von England unterstützt wird. Mit voller Wucht entbrennt der Österreichische Erbfolgekrieg, der bis 1748 dauert und von dem Preußens erster und zweiter Schlesischer Krieg (1740 bis 1742, 1744 bis 1745) nur Teilstücke bilden. Im Herbst des Jahres 1741 dringen bayerische und französische Truppen nach Oberösterreich und Böhmen vor, im Januar 1742 wird der Kurfürst von Bayern als Karl VII. zum Kaiser gekrönt, indessen im Ge-

genstoß österreichische Truppen in München einrücken und der glücklose Wittelsbacher bis zu seinem Tode 1745 ohne gesicherte Residenz bleibt. Am Ende behauptet Maria Theresia ihre Erblande, sofern man von Schlesien und einigen oberitalienischen Besitzungen absieht, und ihr Gemahl Franz I. wird 1745 zum Kaiser gekrönt.

Friedrich erweist sich in dem europäischen Drama als ein Virtuose der Unzuverlässigkeit. Kaltblütig, um nicht zu sagen ruchlos, wechselt er immer wieder die Fronten. Mit einiger Anstrengung zum Wohlwollen könnte man auch sagen, er versucht, das Gleichgewicht der Kräfte zu wahren. Erlangen die Verbündeten das Übergewicht, so läßt er sie im Stich. Dringen daraufhin die Österreicher siegreich vor, fällt Preußen sie erneut an.

Wenn man im 19. Jahrhundert von Preußens deutscher Mission gesprochen hat und diese schon in Friedrich und seiner Zeit angelegt sehen wollte, so hat dies mit den zeitgenössischen Realitäten schlechthin nichts zu tun. Friedrich hat nach Kräften am Ruin des alten Reichs mitgewirkt, das ihm – im Gegensatz noch zu seinem Vater – nichts mehr bedeutete. Er hat verhindert, daß Österreich die Gebiete jenseits des Rheins zurückgewann, die immerhin die Stammlande Franz' I. bildeten. Er hat Lothringen und Schlesien als die schicksalhaft verbundenen Schwestern bezeichnet. Verlor Preußen seine Eroberung an ein siegreiches Österreich, so geriet auch die französische in Gefahr – und umgekehrt: Gemeininteresse der Beutemacher. Ähnlich war es später, 1772, bei der ersten polnischen Teilung. Eine Landbrücke zwischen Ostpreußen und Pommern zu schlagen, lag für Friedrich im offensichtlichen Staatsinteresse. Daß damit eine »nationale Frage« entstehen und der Keim für künftiges Unheil in den Boden der Geschichte gesenkt werden könnte, blieb weit jenseits seines Horizontes.

Polnischsprachige Untertanen waren ihm so willkommen wie deutsche – deren Sprache er ja auch nur unvollkommen beherrschte. Und eine Diskriminierung kam ihm schon aus Staatsklugheit so wenig in den Sinn wie im Falle der schlesischen Katholiken. Er dachte eben überhaupt nicht in religiösen oder nationalen Kategorien, sondern einzig in den rein politischen des durch und durch künstlichen Machtgebildes, in denen Preußen angelegt war und in denen er dieses Preußen zur Großmacht emporkämpfte. Genau darin, in der völligen Abwesenheit des Nationalen, verkörperte sich Friedrichs klassisches Preußentum, wenn man so will die preußische Idee – entgegen allen späteren Urteilen, die, sei es in der Verherrlichung, sei es in der Verdammung, die Perspektiven verzerren.

Die weitere Geschichte des ersten und zweiten Schlesischen Krieges ist rasch erzählt. Am 7. Mai 1742 besiegt Friedrich, erstmals als sein eigener

Feldherr, die Österreicher bei Chotusitz. Wenige Wochen später kommt es zum Frieden von Breslau, in dem Maria Theresia Schlesien abtritt, weil sie zunächst einmal gegen die Franzosen kämpfen muß. Friedrich erklärt feierlich: »Von dem Augenblick, als alles abgeschlossen und unterzeichnet sein wird, soll keine Betrachtung und kein Vorwand der Welt imstande sein, mich zu einem Bruche der getroffenen Verabredung zu vermögen. Sie wird vielmehr, was auch immer geschehen möge, von meiner Seite als heilig angesehen und unverbrüchlich beobachtet werden.«

Zwei Jahre später, als die Österreicher siegreich ins Elsaß vordringen, ist die Heiligkeit dahin und der Bruch perfekt: Friedrich marschiert in Böhmen unter dem Vorwand ein, eigentlich gar keine Preußen, sondern »kaiserliche Hilfstruppen« zu befehligen. Das unverteidigte Land wird rasch besetzt; Prag muß nach kurzer Belagerung kapitulieren. Aber es folgt ein schwerer Rückschlag. Der Nachschub bleibt aus; die Bauern vergraben ihr Getreide und fliehen mit dem Vieh in die Wälder. Und der österreichische Feldmarschall Graf Traun, der mit seinen Truppen in Eilmärschen vom Rhein zurückkehrt, erweist sich als ein Meister des Manövrierens; er vermeidet die Schlacht und gewinnt den Feldzug. Auf den vom Herbstregen aufgeweichten Straßen müssen die hungernden Preußen abziehen. Mehr als siebzehntausend Mann desertieren; kaum jemals hat eine Schlacht solche Verluste gekostet.

Ein Grundproblem von Friedrichs Kriegführung wird hier sichtbar: Schon im Frieden laufen die in den Dienst gepreßten Soldaten fort, wo die Gelegenheit sich nur bietet; nicht einmal die barbarische Strafe des Spießrutenlaufens kann sie abschrecken, die der Schweizer Ulrich Bräker in seiner Lebensbeschreibung ›Der arme Mann im Tockenburg‹ eindringlich geschildert hat: »Da mußten wir zusehen, wie man sie durch zweihundert Mann achtmal die lange Gasse auf und ab Spießruten laufen ließ, bis sie atemlos hinsanken, wie sie des folgenden Tags aufs neue dran mußten, die Kleider vom zerhackten Rücken heruntergerissen, und wie wieder frisch drauflosgehauen wurde, bis die Fetzen geronnenen Bluts ihnen über die Hosen hinabhingen.«

Der Krieg schafft erst recht Gelegenheit zum Desertieren, mit vermindertem Risiko. Zwar hagelt es Vorschriften: Das Lager soll nicht in der Nähe großer Wälder aufgeschlagen werden; Husarenpatrouillen, des Nachts verstärkt, haben mehr noch auf die eigenen Leute als auf den Feind zu achten; Nachtmärsche sind ohnehin nach Möglichkeit zu meiden; zum Wasserholen sollen nur Gruppen unter Aufsicht geführt werden. Und so fort. Aber der Krieg schert sich wenig um Vorschriften, schon gar nicht, wenn die Lage sich kritisch zuspitzt und zum Rückzug geblasen wird. Selbst im Sieg bleibt Vorsicht geboten; die Geschlossenheit der Truppe ist wichtiger als eine energische Verfolgung des Feindes. Daher bleiben alle Siege »ordinär«; sie führen nicht zur Vernichtung und zur raschen Entscheidung des Krieges. Erst die Französische Revolution schafft neue Grundlagen. Sie revolutioniert mit der Gesellschaft die Kriegführung, weil eine Nationalarmee das Söldnerheer und vaterländische Begeisterung das Prügeln ersetzen.

Im Rückblick hat Friedrich dem Gegner Traun hohen Respekt als seinem Lehrmeister bezeugt und selbstkritisch bekannt: »Kein General beging mehr Fehler in diesem Feldzug als der König.« Die Lage verdüstert sich zunehmend, zumal die Finanzen sich rasch erschöpfen. So oder so müssen mit dem Schlachtenglück die Würfel fallen. In Friedrichs Worten: »Ich spiele ein hohes Spiel, ich bekenne es, und sollte sich alles Unheil der Welt in einer solchen Stunde wider mich verschwören, so bin ich verloren.« Doch als Glücksfall vorab erweist sich die Berufung Trauns auf den italienischen Kriegsschauplatz; sein Nachfolger wird Karl von Lothringen, der Schwager Maria Theresias. Gegen ihn erringt Friedrich am 4. Juni 1745 den glanzvollen Sieg von Hohenfriedberg. Es folgt ein weiterer Sieg bei Soor. Den Abschluß bildet, am 15. Dezember, der Sieg des Alten Dessauer über die Sachsen, die inzwischen die Koalition gewechselt haben, in der Schlacht bei Kesselsdorf – von dem greisen Exerziermeister mit einem Gebet eingeleitet: »Herrgott, hilf mich, und wenn Du das nicht willst, dann hilf wenigstens die Schurken von Feinden nich, sondern sieh zu, wie es kommt. Amen. In Jesu Namen, marsch.« Es kommt, nur zehn Tage später, am 25. Dezember, der Friede von Dresden. Maria Theresia, noch immer in den Kampf mit Frankreich verwickelt, tritt Schlesien ein zweites Mal ab.

Alles in allem hat Friedrich tatsächlich ein hohes Spiel gespielt – und gewonnen. Während die Eroberungshoffnungen anderer Mächte im unentschiedenen Ringen sich auflösen, bringt er seine Beute heim, der königliche Herrscher und Feldherr eines wenn schon nicht aus Zuneigung, dann aus Furcht respektierten Staates. Die Menschen beginnen, ihn »den Großen« zu nennen. Wer allerdings auf die Dämonie der Macht sich einläßt, kann nicht vom Spieltisch aufstehen und den Gewinn seiner Bank überweisen. Er bleibt ans kreisende Rad des Schicksals gefesselt. Maria Theresia jedenfalls denkt nicht an Resignation. Sie braucht nur Zeit, eine Atempause, um ihre Länder und den Staat durch behutsame Reformen zu kräftigen. Vor allem braucht sie eine neue außenpolitische Konstellation, wenn irgend möglich eine große Koalition gegen den bösen Mann in Berlin. Zum Architekten dieser Koalition wird Wenzel Anton Graf Kaunitz, von 1750 bis 1753 österreichischer Gesandter in Paris, danach

Staatskanzler in Wien. Friedrich spielt ihm in die Hände, zunächst einmal, weil er seine Neigung zu boshaften Bemerkungen nicht zu zügeln vermag. Wenn er zum Beispiel Maria Theresia, die russische Zarin Elisabeth und die Marquise de Pompadour »die drei Erzhuren Europas« nennt, darf er sich über ein Echo im Haß schwerlich beklagen, zumal wenn ein brillanter Diplomat wie Kaunitz zur Hand ist, der die verletzten Gefühle klug zu nutzen versteht. Bismarck hat einmal gesagt: »Die Eitelkeit an sich ist eine Hypothek, welche von der Leistungsfähigkeit des Mannes, auf dem sie lastet, in Abzug gebracht werden muß, um den Reinertrag darzustellen, der als brauchbares Ergebnis seiner Begabung übrig bleibt.« Bei Friedrich bleibt gewiß viel übrig, aber viel ist auch in Abzug zu bringen.

Über die Schuldfrage des Siebenjährigen Krieges ist viel gerätselt und gestritten worden. Aber man kann sie auf sich beruhen lassen. Die Wölfe gehen auf Raub aus, alle haben Hunger nach Beute. Jeder will die eigene Macht vergrößern und die fremde schwächen. Bedeutsamer ist, daß Friedrich nicht bloß mit seiner Lästerzunge, sondern durch diplomatischen Mißgriff entscheidend dazu beigetragen hat, die große Koalition seiner Gegner zu schmieden. Am 16. Januar 1756 schließt er mit England die Konvention von Westminster, dem ersten Anschein nach meisterhaft berechnet:

Frankreich bleibt an seinen Urgegensatz zu Habsburg gefesselt, wie Rußland an britisches Geld; Österreich ist damit isoliert.

Eine doppelte Fehlrechnung, wobei die erste auf einer kontinentalen Verengung des Blickfeldes beruht. Frankreichs wirklicher Rivale im Duell um die Weltmacht ist England; schon ist der Kampf auf den Ozeanen und in Nordamerika neu ausgebrochen. England aber kann von Frankreich auf dem Festland, in Hannover, getroffen werden, also nötigenfalls im Angriff auf Preußen. Dagegen mag die Rivalität mit Österreich einstweilen auf sich beruhen. Die zweite Fehlrechnung, die praktisch noch schwerer wiegt, betrifft die unheimliche Macht im Osten, die durchaus auch ohne westliche Hilfe auskommen kann. Die Zarin vor allem – vom Geld aus Wien an ihre Günstlinge klug gelenkt – zeigt sich empört: Ist Rußland etwa käuflich? Vermag es nicht aus eigener Kraft sich durchzusetzen und Krieg zu führen? Das wird man beweisen.

Als Friedrich das Verhängnis erkennt, tritt er die Flucht nach vorn an. Am 28. August marschiert er in Sachsen ein, ein formell noch neutrales, tatsächlich mit Österreich verbundenes – und vor allem: ein reiches Land, aus dem man gewaltige Summen zur Finanzierung des Krieges herauspressen kann, eine Operationsbasis überdies gegen Böhmen. Die sächsische Armee, über siebzehntausend Mann, in einem Feldlager bei Pirna eingeschlossen, wird durch Hunger zur Übergabe gezwungen, nachdem ein Entsatzversuch der Österreicher bei Lobositz gescheitert ist. Kurzerhand preßt Friedrich die Gefangenen in die eigene Armee. Eine in jeder Hinsicht fragwürdige Maßnahme, denn bei der ersten Gelegenheit erschießen diese Sachsen ihre preußischen Offiziere und desertieren in geschlossener Formation. Sie sind die Landeskinder eines Stammes-Staates, und früher und energischer als bei den Preußen regt sich bei ihnen ein patriotisches Selbstbewußtsein. Im übrigen läßt der preußische Überfall Kaunitz triumphieren; im Frühjahr 1757 kann er seine Diplomatie durch Kriegsallianzen gegen den Angreifer krönen. Sogar Schweden wird gewonnen, das freilich, wie sich herausstellt, seine Kriegstüchtigkeit ganz und gar verloren hat.

Feinde ringsum, in Ost und West, im Süden und im Norden! Aber noch bleibt Friedrich eine Chance: der rasche Vorstoß ins Kernland des Hauptgegners, bevor die Russen und Franzosen bereit sind. Beraten von seinem Generaladjutanten und engen Vertrauten Hans Karl von Winterfeldt, dringt er nach Böhmen vor. Bei Prag kommt es am 6. Mai zur Schlacht. Die Österreicher werden in die Stadt zurückgeworfen, doch um den Preis schwerer Verluste auch auf preußischer Seite. Unter den Toten befindet sich der Feldmarschall Graf Schwerin; er fällt, als er wankende Bataillone mit der Fahne in der Hand persönlich gegen den Feind führen will. Und schon rückt ein österreichisches Ersatzheer unter der Führung des Grafen Leopold Daun heran. Der, die personifizierte Vorsicht, greift freilich nicht an, sondern verschanzt sich auf den Höhen von Kolin. Am 18. Juni greift Friedrich ihn an, mit den zahlenmäßig unterlegenen Truppen, die er nach den Verlusten und der Einschließung von Prag noch übrig hat – und wird geschlagen.

Friedrich ist verzweifelt, er wünscht zu sterben. »Phaeton ist gestürzt«, schreibt sein Bruder Heinrich wie im heimlichen Triumph der Schwester Amalie. In der Tat handelt es sich um einen Wendepunkt, der Marneschlacht des Ersten Weltkrieges vergleichbar. Die Initiative ist verloren; von nun an arbeitet die Zeit gegen die Mittelmacht mit ihren begrenzten Reserven. Wenn nur der Ring der Feinde um sie hält, muß sie am Ende ausbluten und unterliegen.

»Mein Bruder wollte immer bataillieren, das war seine ganze Kriegskunst«, hat Prinz Heinrich später kritisch angemerkt. Hätte man den Zauderer Daun nicht bis zur absehbaren Kapitulation Prags defensiv hinhalten können?

Doch der Angriff lag nicht nur in Friedrichs Temperament, sondern auch in seiner Situation beschlossen; daß, wie er sagte, die preußischen Kriege »kurz und lebhaft« sein müßten, war keine Einbildung, sondern Existenz- und Überlebensbedingung der kleinen Großmacht im Herzen Europas. Das wirkte bis in die militärische Taktik sich aus, wie die von Friedrich 1753 verfaßten »Generalprinzipien des Krieges« es den Generalen einprägten: »Der Zweck aller dieser Manöver ist, bei jeder Gelegenheit Zeit zu gewinnen und daraus Nutzen zu ziehen, sei es, um aus dem Lager zu rücken oder sich geschwinder als der Feind zu formieren, oder auch, um sich rasch und ohne jede Verwirrung in die gewöhnliche oder schräge Schlachtordnung zu stellen, oder auch, um schneller Terrain zu gewinnen und die Schlacht eher zur Entscheidung zu bringen, als es bisher Brauch war... Das ganze System beruht also auf der Schnelligkeit der Bewegungen und auf der Notwendigkeit des Angriffs.«

Aber der strategische Zeitgewinn ist seit Kolin unwiderruflich dahin. Wie sehr der Sachverhalt an Friedrichs Nerven zerrt, zeigt seine Suche nach Sündenböcken, etwa das Schreiben an den Bruder und Thronfolger August Wilhelm, der beim Rückzug einen Teil der Streitkräfte befehligt: »Durch Dein schlechtes Benehmen hast Du meine Angelegenheiten in eine verzweifelte Lage gebracht. Nicht meine Feinde richten mich zugrunde, sondern Deine schlechten Maßnahmen ... Das Unglück, das ich voraussehe, ist zum Teil Deine Schuld.«

Und demütigend nimmt er dem Bruder das Kommando: »Befehlige meinetwegen einen Harem von Hoffräuleins; aber solange ich am Leben bin, erhältst Du nicht mehr zehn Mann anvertraut. Wenn ich tot bin, mache so viel Dummheiten, wie Du willst, sie kommen dann auf Deine Rechnung; aber solange ich lebe, sollst Du keine mehr machen, die den Staat in Gefahr bringen. Das ist alles, was ich Dir zu sagen habe.« Der gebrochene August Wilhelm stirbt binnen Jahresfrist; der Schatten seines Todes lastet seither auf den Beziehungen der Geschwister, besonders auf dem Verhältnis zwischen Friedrich und Heinrich.

Das Jahr 1757 schließt indessen mit zwei strahlenden Siegen. Am 5. November werden die Franzosen und die Reichsarmee – Kontingente deutscher Mittel- und Kleinstaaten – bei Roßbach in die Flucht geschlagen. Militärisch noch weit wertvoller ist der Sieg über die an Zahl weit überlegenen Österreicher am 5. Dezember bei Leuthen. Sogar die preußischen Grenadiere scheinen zu fühlen, daß es um Großes geht. Auf dem Weg in die Schlacht singen sie:

> Gib, daß ich tu mit Fleiß, was mir zu tun
> gebühret,
> Wozu mich Dein Geheiß in meinem Stande
> führet.
> Gib, daß ich's tue bald, wenn ich es tuen soll,
> Und wenn ich's tu, so gib, daß es gerate
> wohl.

Und nach der Schlacht singen sie den Choral »Nun danket alle Gott«. Napoleon, der Friedrichs Feldzüge kritisch untersuchte und dem König viele und schwerwiegende Fehler nachwies, hat von Leuthen gesagt: »Diese Schlacht ist ein Meisterwerk der Bewegungen, des Manövers und der Entschlossenheit; sie allein würde genügen, um Friedrich unsterblich zu machen und ihm einen Rang unter den größten Feldherren zuzuweisen.«

Populär jedoch, wie vielleicht keine andere Schlacht bis Sedan 1870, wurde der Sieg bei Roßbach. Durchaus unabhängig von den Heerlagern, denen die Einzelstaaten angehörten, liefen in Deutschland Spottverse um:

Und wenn der große Friedrich kommt
und klopft nur auf die Hosen,
so läuft die ganze Reichsarmee,
Panduren und Franzosen.

Die Reichsarmee wird bloß noch »Reißausarmee« genannt, und im Sieg über die Franzosen regt sich patriotischer Stolz. Man ist, wie Goethe sagt, »fritzisch« – nicht preußisch – gesinnt. Womöglich noch stärker gilt dies für England – wichtig genug, weil hier die öffentliche Meinung schon politisches Gewicht hat. Am Geburtstag des Königs werden die Straßen festlich illuminiert, unzählige Gasthäuser nennen sich »King of Prussia«; William Pitt, der große Parlamentarier und leitende Staatsmann, gichtverkrümmt, schwärmt wie ein verliebter Jüngling für Friedrich. Er setzt durch, daß England seine Kriegsanstrengungen erhöht und Hilfsgelder für den Verbündeten reichlicher fließen.

Was nützen aber alle Siege, wenn sie doch nichts wirklich entscheiden und die Kräfte des Siegers verzehren? Zwar nach Westen hin, gegen Frankreich, hält Herzog Ferdinand von Braunschweig Friedrich fortan den Rücken frei. Aber um so drohender rücken inzwischen die Russen heran. Nachdem sie schon 1757 in Ostpreußen gesiegt und das Land besetzt haben, nähern sie sich ein Jahr später bei Küstrin der Oder. Friedrich, nach einem erfolglosen Vorstoß nach Mähren, wirft sich ihnen bei Zorndorf entgegen. In einer überaus blutigen Schlacht kann man von einem preußischen Sieg kaum sprechen; die Russen behaupten sich in ihren Stellungen – freilich, wie einer ihrer Generale drastisch sagt, »tot, verwundet oder besoffen«. Doch dann ziehen sie ab. Ein Jahr später kehren sie zurück, ein österreichisches Korps unter Laudon stößt zu ihnen, und Friedrich erleidet gegen die Verbündeten am 12. August 1759 bei Kunersdorf seine schlimmste, eine katastrophale Niederlage.

Das Ende scheint gekommen. Friedrich selbst sieht sich am Abgrund. Vorübergehend gibt er den Oberbefehl über die Armee ab und schreibt an seinen Minister Finckenstein: »Mein Rock ist von Schüssen durchbohrt; zwei Pferde sind mir unter dem Leib gefallen. Mein Unglück ist, daß ich noch lebe. Unser Verlust ist sehr beträchtlich; von einem Heer von achtundvierzigtausend Mann habe ich jetzt, wo ich dies schreibe, keine dreitausend. Alles flieht, und ich bin nicht mehr Herr meiner Leute. Man wird in Berlin gut tun, an seine Sicherheit zu denken. Das ist ein grausames Mißgeschick, ich werde es nicht überleben. Die Folgen davon werden schlimmer sein als die Sache selbst. Ich habe keine Hilfsmittel mehr, und um nicht zu lügen, ich halte alles für verloren. Den Untergang meines Vaterlandes werde ich nicht überleben. Leben Sie wohl für immer.«

Friedrich ist immer wieder mit dem Gedanken des Freitodes umgegangen. Manchmal gerät man sogar in Versuchung zu sagen, er habe damit gespielt, ja, kokettiert. Seinem Vorleser de Catt zeigt er die kleine goldene Dose, die er stets bei sich trägt: »Hier, mein Freund, ist alles, was man braucht, um dem Trauerspiel ein Ende zu machen.« Er öffnet die Dose und zählt die achtzehn darin enthaltenen Pillen vor: »Diese Pillen sind Opium. Diese kleine Menge reicht völlig hin, um einen zu jenem düsteren Gestade zu befördern, von wo man nicht mehr zurückkehrt.« Als Wilhelmine ihm einmal schreibt, daß sie den Untergang Preußens nicht überleben wolle, antwortet er ihr: »Was Dich nun anlangt, meine unvergleichliche Schwester, so habe ich nicht das Herz,

Dich in Deinen Entschließungen umstimmen zu wollen. Unsere Denkweise ist ganz die gleiche; unmöglich kann ich die Empfindungen, die ich täglich selbst hege, bei Dir verdammen. Das Leben ward uns von Natur als eine Wohltat gegeben; sobald es eine solche nicht mehr ist, läuft der Vertrag ab, wird jeder Mensch Herr darüber, seinem Mißgeschick ein Ende zu setzen in dem Augenblick, da er es für geraten hält. Einen Schauspieler, der auf der Bühne bleibt, wenn er nichts mehr zu sagen hat, pfeift man aus ... Ist Dein Entschluß der gleiche wie meiner, so enden wir gemeinsam unser Unglück. Die in der Welt zurückbleiben, mögen sich dann mit den Sorgen abfinden, die auf ihnen lasten werden!«

Freilich, so düster und so abschließend das klingt, es bleibt noch etwas zu tun: Der Brief und die Sache, um die es geht, müssen in Verse gebracht werden, die anschließend zur Korrektur an Voltaire zu senden sind. Zweihundertundfünfzig Verse insgesamt! In der deutschen Übertragung beginnen sie so:

> Mein Freund, mit mir ist's aus, der Würfel fiel;
> Zum Sterben müde steh' ich schon am Ziel:
> Genug der Wunden, die das Schicksal schlug,
> Genug der Leideslasten, die ich trug;
> Mutter Natur hat wohl noch manche Tage

Mir zugedacht, Tage voll Not und Plage.
Sie meint's zu gut! – Ich aber mag nicht
    mehr!
Im Herzen Stille, schrei' ich freudig zu,
Mit festem Blick dem Ziel der großen Ruh,
Der Friedensfreistatt, wo ich sicher wär'.

Später heißt es in einem Brief an Voltaire: »Der Ochs muß pflügen, die Nachtigall singen, der Delphin schwimmen, ich muß Krieg führen. Vielleicht können Sie sich bald die Freude machen, meine Grabschrift zu verfassen. Sie werden sagen, daß ich gute Verse liebte und selbst schlechte machte, und daß ich nicht so stumpfsinnig war, Ihre Gaben nicht zu schätzen.«

Die literarische Weitergabe der Todesgedanken an Voltaire hat gewiß auch einen politischen Hintersinn: Der König will versuchen, Frankreich von energischer Kriegführung abzuhalten oder sogar zum Friedensschluß zu bewegen, um mit Preußen das Gegengewicht gegen Österreich zu retten. Die unermüdliche Versproduktion stellt im übrigen Friedrichs Form der Entspannung und Ablenkung dar: »Oft möchte ich mich betrinken, um meinen Kummer zu ersäufen. Aber da ich doch nicht trinken kann, zerstreut mich nichts so sehr, wie das Verseschmieden, und solange diese Ablenkung dauert, fühle ich mein Unglück nicht.« Nach Kunersdorf allerdings geht es nicht mehr um Koketterie, politischen Hintersinn oder ablenkende Versproduktion; mit dieser militärischen Katastrophe ist der Gedanke des Selbstmordes wohl so ernst und so nah an den König herangetreten wie nie zuvor und niemals wieder.

Zu den Opfern von Kunersdorf gehört der Major und Dichter Ewald Christian von Kleist, der Freund Lessings. Während der Schlacht stürmt er, den Degen in der Linken, weil die rechte Hand schon zerschmettert ist, mit seinem Bataillon gegen feindliche Batterien, wird tödlich verwundet und von Kosaken ausgeplündert, dann aber nach Frankfurt an der Oder gebracht, wo er wenige Tage später stirbt. Russische Offiziere sorgen für ein ehrenvolles Begräbnis. Am Ende seiner Ode ›An die Preußische Armee‹ hatte Kleist ahnungsvoll geschrieben:

> Auch ich, ich werde noch – vergönn' es mir,
> o Himmel! –
> Einher vor wenig Helden ziehn.
> Ich seh' dich, stolzer Feind, den kleinen
> Haufen fliehn
> Und find' Ehr' oder Tod im rasenden
> Getümmel.

Auf den Tod des Majors von Kleist schreibt wiederum Johann Peter Uz ein Gedicht, in dem es heißt:

Auf Friedrich sehn die Helden Friedrichs
    nieder,
Bewundernd mit besorgtem Blick,
Und flehn für ihn und ihre Brüder
Um Leben und um Glück.

Sie flehn zu Gott um Frieden auf der Erde,
Damit in Ketten ew'ger Nacht
Die Furie gefesselt werde,
Die Deutschland wüste macht,

Und, bis ihr einst der, dem die Himmel
    dienen,
Der Gott des Donners widersteht,
Noch unter brennenden Ruinen
Und über Leichen geht.

Die Furie des großen Krieges tobt unerbittlich
weiter; mit Kunersdorf ist kaum seine Halbzeit
erreicht. Weil der Feind zögert und die Befehlshaber uneinig sind, gewinnt Friedrich Zeit, seine
versprengten Truppen wieder zu sammeln.

Manchmal gewinnt man den Eindruck, als sei es
der König allein, der Ruhm seines Namens, der
sich als lähmender Bann auf die Gegner legt und
sie zurückweichen statt zustoßen läßt. Der große
Zauderer Daun zum Beispiel handelt durchaus
tatkräftig, wenn er es bloß mit preußischen Generalen zu tun hat. So gelingt ihm im November
1759 der »Finkenfang«: Ein preußisches Korps

unter dem Kommando des Generals Fink wird bei Maxen eingeschlossen und zur Kapitulation gezwungen. Aber elf Monate zuvor, bei Hochkirch, braucht Laudon Tage, um Daun zum erfolgreichen Überfall auf das ungeschützte Feldlager zu überreden, in dem Friedrich befehligt und das er so herausfordernd wie leichtfertig bezogen hat. Gideon von Laudon übrigens, Livländer aus ursprünglich schottischer Familie und der tatkräftigste unter Friedrichs Gegnern, der die Schlacht bei Kunersdorf entschied, hatte eigentlich in preußische Dienste treten wollen und war von Friedrich abgewiesen worden – wie man erzählte: weil dem König das arrogante Pferdegesicht des jungen Offiziers mißfiel.

Krieg ohne Ende und schier ohne Ausweg. Im Jahre 1760 siegt Friedrich über Laudon bei Liegnitz und über Daun bei Torgau, hier freilich unter besonders schweren Verlusten, wobei der Husarengeneral Hans Joachim von Zieten die fast schon verlorene Schlacht rettet. Belagerungen finden statt; Dresden erleidet durch die preußische Beschießung zum ersten-, aber nicht zum letztenmal in seiner Geschichte schwere Schäden. Bei der österreichischen Belagerung Breslaus fordert Laudon den preußischen Kommandanten General Friedrich von Tauentzien zur Kapitulation auf, da sonst »nicht das Kind im Mutterleib« geschont werden würde. Tauentzien antwortet: »Ich bin nicht schwanger und meine Soldaten sind es auch nicht.« Laudon muß abziehen und hält sich ein Jahr später durch seinen Handstreich auf Schweidnitz schadlos.

Bemerkenswerter ist eine andere Begebenheit: Als Johann Friedrich Adolf von der Marwitz vom König den Befehl erhält, als Antwort auf die Verwüstung Charlottenburgs durch sächsische Truppen Schloß Hubertusburg zu plündern, verweigert er den Befehl und erbittet den Abschied, »weil sich dies« – die Plünderung – »allenfalls für Offiziere eines Freibataillons schicken würde, nicht aber für den Kommandeur von Seiner Majestät Gensdarmes«. Marwitz' Grabstein im märkischen Friedersdorf, inzwischen entfernt, erinnerte an den Vorgang: »Sah Friedrichs Heldenzeit und kämpfte mit ihm in allen seinen Kriegen. Wählte Ungnade, wo Gehorsam nicht Ehre brachte.« Ein preußisches Motto, des Andenkens wert.

Aber der Alltag des Krieges kennt kaum noch Glanz. Märsche von Sachsen nach Schlesien, von Schlesien nach Sachsen, befestigte Feldlager, Abwarten und das pure Aushalten schon als Erfolg. Friedrich notiert: »Der ewige Jude, wenn er je gelebt hat, hat nicht ein solches Landstreicherleben geführt wie ich. Man wird schließlich wie die Dorfschauspieler, die weder Haus noch Hof haben; wir ziehen hin in alle Welt, um unsere blutigen Tragödien aufzuführen, wo es unseren Feinden gefällt, die Bühne aufzuschlagen.« Und in einem Brief an die Gräfin Camas heißt es: »Ich schwöre Ihnen, es ist ein Hundeleben, das außer Don Quichotte und mir kein Mensch geführt hat. All die Unruhe, all dies nicht endenwollende Durcheinander hat mich so alt gemacht, daß Sie mich kaum erkennen werden. Auf der rechten Kopfseite sind meine Haare ganz grau; meine Zähne zerbrechen und fallen aus; mein Gesicht ist runzelig wie die Falten eines Frauenrockes, mein Rücken krumm wie ein Fiedelbogen und mein Geist traurig und niedergeschlagen wie der eines Trappisten. Ich teile Ihnen dies alles im voraus mit, damit Sie, falls wir uns noch in Fleisch und Bein sehen sollten, an meiner Erscheinung nicht zu sehr Anstoß nehmen.«

Im Jahre 1761 scheint das Ende nahe. Die Russen erobern Kolberg und damit Hinterpommern, Laudon setzt sich in Oberschlesien fest. Die preußischen Kräfte sind erschöpft; kriegserfahrene Offiziere können kaum mehr ersetzt werden. In England wird William Pitt durch Lord Bute verdrängt, der die Zahlung von Hilfsgeldern einstellt. In London heißt es bereits, man werde dem »König von Küstrin« wohl bald einen Ruhesitz am Ohio anweisen müssen.

Den Umschwung, die Rettung bringt ein Ereignis, auf das außer der Natur oder Gott niemand Einfluß hat: der Tod der Zarin Elisabeth am 5. Januar 1762. Ihr Neffe und Nachfolger Peter III.

verehrt Friedrich bis zum Wahn; nichts Schöneres kann er sich vorstellen, als die preußische Uniform mit dem Schwarzen Adlerorden zu tragen. Er schließt sofort Frieden, ja, er wechselt sogar das Bündnis. Zwar wird er nach wenigen Monaten gestürzt und ermordet. Katharina aber, die neue Zarin – eine Prinzessin von Anhalt-Zerbst, in Stettin geboren, von Friedrich selbst einmal als Gemahlin für Peter ausgewählt –, bestätigt wenn schon nicht das Bündnis, dann doch den Frieden. Ohne den russischen Beistand schwinden jedoch für Maria Theresia alle Siegeshoffnungen; auch Österreichs Kräfte sind völlig erschöpft. So beendet schließlich der Frieden von Hubertusburg am 21. Februar 1763 das große Ringen des Siebenjährigen Krieges.

Man könnte diesen Frieden ein Mahnmal der Vergeblichkeit nennen. Um den Preis von sieben Jahren der Gewalt und des Elends, der Zerstörung und des Blutvergießens haben Österreich, Preußen und die anderen Staaten nichts erreicht als eine Bestätigung des schon vor dem Krieg bestehenden Zustands; von den überall hochgespannten Erwartungen auf Ländergewinn und Machtzuwachs bleiben nur Scherben. Allenfalls Großbritannien darf sich, gleichsam hinter dem Rücken der in Mitteleuropa Kämpfenden, als Sieger fühlen. Auf den Weltmeeren und in Amerika hat es das Duell mit Frankreich für sich entschie-

Friedrich der Große in der Interimsuniform des Infanterie-
regiments No. 15¹, 1. Bataillon Leibgarde. Ölgemälde von
J. H. C. Franke. Hechingen, Burg Hohenzollern

den. Aber sogar dieser Sieg trägt schon den Keim der Vergeblichkeit in sich. Weil einerseits Parlament und Regierung in London einen Teil der Kriegsschulden auf die Kolonien abwälzen möchten und diese andererseits einen Rückhalt beim Mutterland gegen die französische Gefahr nicht länger benötigen, bereitet sich der Konflikt vor, der 1776 zur amerikanischen Unabhängigkeitserklärung, zum Krieg um die Unabhängigkeit und zur Gründung der Vereinigten Staaten führen wird.

Preußen hat sich behauptet und nimmt seither neben Großbritannien, Frankreich, Österreich und Rußland seinen bewunderten oder gefürchteten Rang unter den europäischen Großmächten ein. Vor jeder nachträglichen Verklärung ist allerdings zu warnen: »Zweihundert Jahre sind vergangen seit jener merkwürdigen Episode, in der hundert Millionen Menschen sich sieben Jahre vergeblich abmühten, fünf Millionen niederzuringen.« Das ist, von zweifelhaften Zahlen ganz abgesehen, schlechtweg Unsinn, um nicht zu sagen ein Wahn mit verhängnisvoller Konsequenz, wenn er die Illusion nährt, preußisch-deutsche Tapferkeit könne mit dem Willen zum Durchhalten jeder Übermacht trotzen. Im 18. Jahrhundert, im Zeitalter des Absolutismus, kämpfen nicht die Völker, sondern die Fürsten und Staaten mit ihren Berufsarmeen; die Rolle Großbritanniens wird großzügig ausgespart. Und immer muß daran erinnert werden, daß nicht die eigene Kraft, sondern »das Mirakel des Hauses Brandenburg«, der Tod der Zarin, Friedrich rettete. Der wußte es übrigens besser als seine unberufenen Bewunderer; er hat in seinem Alter gesagt, Preußen solle den Affen zum Wappentier nehmen, weil es eine Großmacht bloß nachäffe.

Dennoch bleibt die Frage: Wie eigentlich konnte Preußen standhalten – ein Land, das beim Regierungsantritt Friedrichs im Jahre 1740 gerade 2,25 Millionen Einwohner zählte, auf Gebietsfetzen von insgesamt hundertneunzehntausend Quadratkilometern weit zerstreut? Jeder Versuch einer halbwegs zureichenden Antwort muß ein Bündel von Faktoren in Rechnung stellen.

Zunächst, um von Fernwirkungen auszugehen: Am Vorabend des Ersten Weltkrieges hat ein berühmter Jurist – Erich Kaufmann – politisch-staatliche Machtentfaltung und Sittlichkeit in eins gesetzt und am Ende gar den »siegreichen Krieg« zum »sozialen Ideal« erklärt: »Im Kriege offenbart sich der Staat in seinem wahren Wesen, er ist seine höchste Leistung, in dem seine Eigenart zur vollsten Entfaltung kommt. Hier hat er zu bewähren, daß ihm die Weckung und Zusammenfassung aller Kräfte gelungen ist, daß die höchsten Forderungen, die er stellt, auch wirklich erfüllt werden, und daß das Letzte seinem Bestehen in der Weltgeschichte geopfert wird ... Je stärker diese Anforderungen und Leistungen werden, und je weiter und komplizierter sie sich bis in alle

Verästelungen des Lebens hinein erstrecken, um so mehr wird der Krieg zu einer wirklichen Berechtigungs- und Leistungsprobe des ganzen Staates.«

Man mag das so erschreckend, so abscheulich finden wie schon Maria Theresia das Preußen, mit dem sie konfrontiert war. Aber, in der Tat: Dies ist in seiner Wurzel preußisch. Seit den Tagen des Soldatenkönigs wird der preußische Staat bewußt und zielstrebig im Dienste einer Leistungsfähigkeit organisiert, die in der militärischen Schlagkraft ihr Ziel hat. Nicht von ungefähr, sondern symbolträchtig tragen die beiden großen Könige ständig den »Sterbekittel«, die Uniform.

Zweitens: Weil Preußen keinen »natürlich« gewachsenen Staat auf der Grundlage des Stammes oder der Nation, vielmehr ein durch und durch künstliches Machtgebilde darstellt, wird es durch Traditionen, Vorurteile, Privilegien, Standesrechte und sonstige Rück-Sichten weit weniger gehemmt als seine Konkurrenten. Eben darum kann es, so buchstäblich wie doppelsinnig rücksichtslos, sich mit einem Höchstmaß an kühl berechneter Rationalität auf seinen Machtzweck hin organisieren. Das klassische Preußen ist so gesehen der bei weitem modernste Staat seines Zeitalters, und es kann diesen Vorsprung an Modernität in die militärische Schlagkraft umsetzen.

Drittens: Der Vorsprung macht sich auch in der

Rücksichtslosigkeit beim Kriegführen bemerkbar. Das gilt gleich mehrfach; zunächst einmal beim unerbittlichen Werben und Drillen der Soldaten. Es gilt auch bei der Belastung der eigenen Untertanen und – vom besetzten Sachsen bis Mecklenburg – beim Auspressen fremder Länder. Und sogar vor der Inflationsfinanzierung des Kriegführens durch Münzbetrug schreckt Friedrich nicht zurück. Er betreibt sie mit der Hilfe der von seinem Wohlwollen abhängigen jüdischen Hofbankiers, so daß die Menschen über den im Wert des Edelmetalls verminderten Taler klagen:

Außen recht und innen schlimm
Außen Friedrich, innen Ephraim.

Schließlich, viertens und vor allem, bleibt ein einzigartiger Faktor: Friedrich. Er hat nicht nur als Diplomat schwere Fehler begangen, die Kaunitz' große Koalition seiner Gegner erst möglich machen, sondern auch als Feldherr. Und nicht erst Napoleon, sondern schon sein Bruder hat sie ihm vorgerechnet: Übereilung, Leichtsinn, Zersplitterung der Streitkräfte, mangelnde Berechnung der Nachschubprobleme kosten Schlachten und ganze Feldzüge. Auf der Habenseite aber bleibt nicht allein der einheitliche Oberbefehl, gegen den die Alliierten sich nie zu wirksam koordinierter Kriegführung durchringen können. Es bleibt vor allem ein zäher Wille zum Durchhalten, koste es, was es wolle. Dieser Wille mag aus dem Stolz stammen, dem ein Nachgeben Schlimmeres bedeutet als der Tod, aus dem Wunsch, vor der Geschichte oder vor dem gespenstischen »Über-Ich« des Vaters zu bestehen, aus einem Pflichtgefühl, das die Kehrseite der Bitterkeit und der Menschenverachtung, des Verzichts auf Lebensglück und Liebe bildet, wahrscheinlich aus einer Mischung von alledem. Es gilt jedenfalls, was Jacob Burckhardt in seinen ›Weltgeschichtlichen Betrachtungen‹ gesagt hat: »Schicksale von Völkern und Staaten, Richtungen von ganzen Zivilisationen können daran hangen, daß ein außerordentlicher Mensch gewisse Seelenspannungen und Anstrengungen ersten Ranges in gewissen Zeiten aushalten könne. Alle seitherige mitteleuropäische Geschichte ist davon bedingt, daß Friedrich der Große dies von 1759 bis 1763 in supremem Grade konnte.«

Dabei haben wir es nicht mit einem auf stoische Ruhe angelegten, sondern mit einem hochgradig nervös organisierten Menschen zu tun, den die Todesgedanken, die Untergangsvisionen umdrängen wie kaum einen anderen – mit einem Menschen also, der sehr rasch sich verzehrt. Der da zurückkehrt aus der unendlichen Probe des Schicksals, heimlich, auf Nebenwegen, den Triumph meidend, den man ihm bereiten will, hat nichts mehr vom strahlenden Helden an sich.

Er ist beinahe ein Greis, krummgezogen von der Gicht, geplagt von Koliken, von den Hämorrhoiden, vom Zahnverfall, ausgemergelt bis auf Haut und Knochen. Und dennoch der Mann, der seine Probe bestanden hat: der jetzt erst wahrhaft große Friedrich.

Drittes Kapitel
Wie ein König regiert

Am zweiten Tag nach seiner Rückkehr aus dem großen Krieg empfängt Friedrich die Landräte der Mark Brandenburg. Einer von ihnen, der Dienstälteste, will vortreten, um zur Rede anzusetzen und Glückwünsche darzubringen. Aber der König schneidet ihm das Wort ab: »Sei Er stille und lasse Er mich reden. Hat er Crayon« – einen Bleistift? »Nun, so schreibe er auf: Die Herren sollen aufsetzen, wieviel Roggen zu Brot, wieviel Sommersaat, wieviel Pferde, Ochsen und Kühe ihre Kreise höchst nötig brauchen. Überlegen Sie das recht, und kommen Sie übermorgen wieder zu mir.«

Ein König, der selber regiert – und zwar nicht nur im großen und ganzen, sondern bis ins Kleine, Unscheinbare hinein, bis in das Detail, in dem der Teufel steckt; selbstverständlich ist das nicht, nein, keineswegs. Zwar ins anscheinend Wichtige, Denkwürdige, von dem die Historiker berichten, in die fürstlichen Heiratsprojekte und Allianzen, in Krieg und Frieden mögen die meisten Monarchen sich noch immer einmischen oder wenigstens vorgeben, es zu tun. Aber der Kartoffelanbau, die Ochsen zum Pflügen, das Geld zum Entwässern versumpfter Wiesen, die Heiratserlaubnis – oder lieber noch: ihre Verweigerung – für einen Rittmeister? Und die Kontrolle von allem und jedem, die staubige Mühsal der Akten? Das bleibt durchweg den Ministern, Kabinettsräten, Günstlingen, den Statthaltern fernab oder sich selbst überlassen. Schon der Aufwand fürs Repräsentieren – Hofzeremoniell, das festliche Gepränge jeder Art, die Jagden – kostet nicht nur Geld, sondern auch die Zeit, die zum Sonstigen dann fehlt. Nur in dem preußischen Prinzip, das mit dem Vater, mit Friedrich Wilhelm I., beginnt, gehört das Regieren im Detail zur königlichen Pflicht. Wie der Sohn, wie Friedrich es beschreibt: »Unser Staat braucht einen Herrscher, der alles mit eigenen Augen sieht und selbst regiert. Wollte es das Unglück, daß es anders würde, so ginge alles zugrunde. Nur durch emsigste Arbeit, beständige Aufmerksamkeit und viele kleine Einzelheiten kommen bei uns die großen Dinge zustande.«

Alles mit eigenen Augen sehen, dazu sind regelmäßige Besichtigungsreisen durchs ganze Land unerläßlich. Wie es dabei zugeht, mag der Bericht des Amtmanns und Gutspächters Fromme anschaulich machen, den schon Fontane in seinen ›Wanderungen durch die Mark‹ ausführlich zitiert:

»Nun kamen Ihro Majestät zu Fehrbellin an, sprachen daselbst mit dem Leutnant Probst vom Zieten'schen Husaren-Regiment und mit dem

Fehrbellinischen Postmeister Hauptmann von Mosch. Als angespannt war, wurde die Reise fortgesetzt, und da Ihro Majestät gleich danach an meinen Gräben, die im Fehrbellinischen Luch auf königliche Kosten gemacht sind, vorbei fuhren, so ritt ich an den Wagen und sagte: Ihro Majestät, das sind schon zwei neue Gräben, die wir durch Ihro Majestät Gnade hier erhalten haben, und die das Luch uns trocken erhalten. – König: So, so; das ist mir lieb! Wer seid Ihr? – Fromme: Ihro Majestät, ich bin der Beamte hier in Fehrbellin. – König: Wie heißt Ihr? – Fromme: Fromme. – König: Ha, ha! Ihr seid ein Sohn von dem Landrat Fromme. – Fromme: Ihro Majestät halten zu Gnaden, mein Vater ist Amtsrat im Amte Lehnin gewesen. – König: Amtsrat! Amtsrat! Das ist nicht wahr! Euer Vater ist Landrat gewesen. Ich habe ihn recht gut gekannt. Sagt mir einmal, hat Euch die Abgrabung des Luchs hier viel geholfen? – Fromme: O ja, Ihro Majestät! – König: Haltet Ihr mehr Vieh als Euer Vorfahr? – Fromme: Ja, Ihro Majestät! Auf diesem Vorwerk halt' ich vierzig, auf allen Vorwerken siebzig Kühe mehr! – König: Das ist gut. Die Viehseuche ist doch nicht hier in der Gegend? – Fromme: Nein, Ihro Majestät! – König: Habt Ihr die Viehseuche hier gehabt? – Fromme: Ja! – König: Braucht nur fein fleißig Steinsalz, dann werdet Ihr die Viehseuche nicht wieder bekommen. – Fromme: Ja, Ihro Majestät, das brauch' ich auch; aber Küchensalz tut beinah eben die Dienste. – König: Nein, das glaubt nicht! Ihr müßt das Steinsalz nicht kleinstoßen, sondern es dem Vieh so hinhängen, daß es dran lecken kann. – Fromme: Ja, es soll geschehen.«

»König: Sind sonst hier noch Verbesserungen zu machen? – Fromme: O ja, Ihro Majestät. Hier liegt die Kremmensee. Wenn selbige abgegraben würde, so bekämen Ihro Majestät an achtzehnhundert Morgen Wiesenwachs, wo Kolonisten könnten angesetzt werden, und würde dadurch die ganze Gegend hier schiffbar, welches dem Städtchen Fehrbellin und der Stadt Ruppin ungemein aushelfen würde; auch könnte vieles aus Mecklenburg zu Wasser nach Berlin kommen. – König: Das glaub' ich! Euch wird aber wohl bei der Sache sehr geholfen, viele dabei ruiniert, wenigstens die Gutsherren des Terrains, nicht wahr? – Fromme: Ihro Majestät halten zu Gnaden; das Terrain gehört zum königlichen Forst und stehen nur Birken darauf. – König: Oh, wenn weiter nichts ist, wie Birkenholz, so kann's geschehen! Allein ihr müßt auch nicht die Rechnung ohne den Wirt machen, daß nicht die Kosten den Nutzen übersteigen. – Fromme: Die Kosten werden den Nutzen gewiß nicht übersteigen! Denn erstlich können Ihro Majestät sicher darauf rechnen, daß achtzehnhundert Morgen von dem See gewonnen werden; das wären sechsunddreißig Kolonisten, jeder zu fünfzig Morgen.

Wird nun ein kleiner leidlicher Zoll auf das Floß-
holz gelegt, und auf die Schiffe, die den neuen
Kanal passieren, so wird das Kapital sich gut ver-
zinsen. – König: Na! sagt es meinem Geheimen
Rat Michaelis! Der Mann versteht's und ich will
Euch raten, daß Ihr Euch an den Mann wenden
sollt in allen Stücken, und wenn Ihr wißt, wo
Kolonisten anzusetzen sind. Ich verlange nicht
gleich ganze Kolonien; sondern wenn's nur zwei
oder drei Familien sind, so könnt Ihr's immer mit
dem Mann abmachen. – Fromme: Es soll geschehen, Ihro Majestät.«

»König: Kann ich hier nicht Wustrau liegen sehen? – Fromme: Ja, Ihro Majestät; hier rechts,
das ist's. – König: Ist der General zu Hause? –
Fromme: Ja! – König: Woher wißt Ihr das? –
Fromme: Ihro Majestät, der Rittmeister von Le-
stocq liegt in meinem Dorf auf Grasung und da
schickten der Herr General gestern einen Brief
durch den Reitknecht an ihn. Da erfuhr ich's. –
König: Hat der General von Zieten auch bei der
Abgrabung des Luchs gewonnen? – Fromme: O
ja; die Meierei hier rechts hat er gebaut und eine
Kuh-Molkerei angelegt, welches er nicht gekonnt
hätte, wenn das Luch nicht abgegraben wäre. –
König: Das ist mir lieb! Wie heißt der Beamte zu
Alten-Ruppin? – Fromme: Honig! – König: Wie
lang ist er da? – Fromme: Seit Trinitatis. – König:
Seit Trinitatis? Was ist er vorher gewesen? –
Fromme: Canonicus. – König: Canonicus? Ca-

nonicus? Wie führt der Teufel zum Beamten den Canonicus? – Fromme: Ihro Majestät, es ist ein junger Mensch, der Geld hat und gern die Ehre haben will, Beamter von Ihro Majestät zu sein. – König: Warum ist aber der alte nicht geblieben? – Fromme: Ist gestorben. – König: So hätte doch die Witwe das Amt behalten können. – Fromme: Ist in Armut geraten. – König: Durch Frauenwirtschaft? – Fromme: Ihro Majestät verzeihen, sie wirtschaftete gut, allein die Unglücksfälle haben sie zugrunde gerichtet; die können den besten Wirt zurücksetzen. Ich selber habe vor zwei Jahren das Viehsterben gehabt, und habe keine Remission erhalten; ich kann auch nicht wieder vorwärtskommen. – König: Mein Sohn, heute hab' ich Schaden am linken Ohr, ich kann nicht gut hören. – Fromme: Das ist schon eben ein Unglück, daß der Geheime Rat Michaelis den Schaden auch hat! (Nun blieb ich ein wenig vom Wagen zurück; ich glaubte, Ihro Majestät würden die Antwort ungnädig nehmen.) – König: Na, Amtmann, vorwärts! Bleibt beim Wagen, aber nehmt Euch in acht, daß Ihr nicht unglücklich seid. Sprecht nur laut, ich verstehe recht gut.«

Und so fort, über viele Seiten. Oder, angemessener ausgedrückt: Stunde um Stunde einer königlichen Inspektionsreise. Friedrich zeigt sich, wie er ist: schwierig, mißtrauisch und rechthaberisch, ins Detail verliebt, immer aber mit dem Willen, die Verhältnisse zu verbessern, wo es nur möglich ist. Am wichtigsten ist wahrscheinlich, daß solche Besichtigungen überhaupt stattfinden. Jeder Beamte weiß, daß er auf bohrende Fragen gefaßt sein muß und Rechenschaft abzulegen hat. Die Aufenthalte und Reisen folgen einem festen Jahresrhythmus: Nach den winterlichen Festen und Empfängen in Berlin fährt der König am 23. Januar – dem Tag vor seinem Geburtstag, um den Gratulationen zu entgehen – nach Potsdam; sonderbar genug schreitet ein Dromedar vorweg, das die Tabaksdosen trägt. Im Mai reist er über Küstrin nach Pommern und, seit der polnischen Teilung von 1772, nach Westpreußen. Ostpreußen bleibt ausgespart, seit die Stände im Siebenjährigen Krieg der Zarin huldigten. Im Juni ist Magdeburg an der Reihe, im August Schlesien, und der September gehört den Manövern.

Im Alltag von Potsdam oder Berlin regiert der König »aus dem Kabinett« und mit dem Instrument der »Kabinettsordre«, das heißt schriftlich, mit Erlassen, denen praktisch Gesetzeskraft zukommt. Anfragen, Akten, Bittgesuche oder Beschwerden strömen herein. Die Kabinettssekretäre lesen sie vor und bekommen – meist umgehend – die Antworten diktiert: Randbemerkungen, Briefe oder eben die Kabinettsordres, von denen bis zu einem Dutzend pro Tag ergehen können. Manchmal schreibt der König die Glossen höchstselbst, in zweifelhaftem Deutsch und mit noch zweifelhafterer Orthographie, dafür jedoch drastisch und so lapidar wie präzise auf den Punkt hin, auf den es ankommt.

Auch die Minister sind an den Schriftverkehr gebunden; nur selten werden sie zu Einzelgesprächen empfangen. Und während sonst auf allen Ebenen Gremien arbeiten, die gemeinsam beraten und entscheiden, kommen Kabinettssitzungen im heutigen Sinne, also Diskussionsrunden unter Vorsitz dessen, der die Richtlinien der Politik bestimmt, praktisch nicht vor. Der König entzieht sich, er faßt einsame Entschlüsse. Auf diese Weise behält er, nur er allein, den Überblick über das gesamte Staatsgeschehen; nur er bildet Antriebskraft und Unruhe der großen Maschine. Diese persönliche Regierungsform, distanziert und direkt zugleich, steht und fällt freilich mit den Kräften des Mannes, auf den sie zugeschnitten ist.

Dabei darf man sich vom Umfang der Arbeit nicht die falschen Vorstellungen machen, wie sie von den Maßstäben einer Gesellschaft ausgehen, in der die Inhaber von Spitzenpositionen ihr Selbstwertgefühl aus dem Übermaß an Geschäftigkeit, aus dem für Wochen oder Monate im voraus für jede Minute schon besetzten Terminkalender beziehen. Der König ist ein Frühaufsteher mit schlechtem Schlaf, im Winter um sechs, im Sommer um fünf Uhr auf den Beinen. In nervöser Ungeduld beginnt er oft bereits während der flüchtigen Morgentoilette mit dem Diktieren, und in wenigen Stunden ist alles getan. Um elf Uhr folgt die Truppenparade. Der Rest des Tages gehört dem Verseschmieden, dem Musizieren, vor allem den Tafelrunden mit ihren oft über viele Stunden ausgedehnten Gesprächen.

Innere Politik ist für Friedrich wesentlich immer Wirtschaftspolitik, eine Politik zielstrebiger Förderung von Landwirtschaft, Gewerbe und Handel. Denn an der wirtschaftlichen Leistungsfähigkeit hängt die Steuerkraft, an der Steuerkraft die Heeresmacht, die Preußen im Frieden unterhalten und im Krieg einsetzen kann.

Eine wichtige Rolle spielt die Binnenkolonisation, vorab die Anlage neuer Bauernstellen und Dörfer. Denn Menschen sind in einem dünnbesiedelten Land das eigentliche Kapital, noch dazu in einem Zeitalter, in dem Arbeit fast durchweg mit Handarbeit gleichzusetzen ist und dabei die Masse der Bevölkerung in der Landwirtschaft tätig sein muß, um das Brot zu schaffen. Kaum etwas kann den König so sehr in Zorn versetzen wie der Anblick von Wüstungen, von ungenutztem Land.

Eine große Leistung stellt die Trockenlegung des Oderbruchs zwischen Lebus und Oderberg nördlich von Frankfurt in den Jahren 1747 bis 1753 dar. Der Soldatenkönig war an den Schwierigkeiten gescheitert. Jetzt werden sie durch den niederländischen Ingenieur Simon Leonhard von Haerlem und den berühmten Mathematiker Eu-

König Friedrich II. von Preußen im Hohenzollernrock. Wasserfarben auf Elfenbein von Anton Friedrich König (1769). Potsdam, Staatliche Schlösser und Gärten Potsdam-Sanssouci

ler gelöst. »Hier habe ich eine Provinz im Frieden erobert«, soll Friedrich gesagt haben; nach dem Siebenjährigen Krieg schließen weitere Eroberungen in den Warthe- und Netzeniederungen sich an. Insgesamt sind während Friedrichs Regierungszeit zwischen dreihunderttausend und dreihundertfünfzigtausend Menschen in Preußen eingewandert, etwa neunhundert Kolonistendörfer angelegt und genau 57475 Familien auf dem Lande angesiedelt worden – eine imponierende Bilanz, zumal wenn man die Einbrüche der Kriegsjahre bedenkt. Zum Vergleich: Die von Bismarck gegründete preußische Ansiedlungskommission hat es in zwei Jahrzehnten nur auf 11957 Siedlerfamilien gebracht.

Mit der Ingenieurkunst des Wasserwesens hat auch der Ausbau des Kanalsystems zu tun, der bereits in den vierziger Jahren energisch einsetzt. Der Finowkanal verbindet Oder und Havel; der Plauensche Kanal verkürzt den Wasserweg von Berlin nach Magdeburg an die Elbe. An der Odermündung wird die Swine als Schiffahrtsweg ausgebaut, mit Swinemünde als Hafenstadt. Auffällig vernachlässigt bleibt dagegen das Wegenetz zu Lande. Der systematische Ausbau befestigter Chausseen, auf denen man sogar bei schlechtem Wetter fahren kann, ohne im Schlamm zu versinken, beginnt erst viel später, im 19. Jahrhundert, knapp vor dem Zeitalter der Eisenbahnen.

In der Landwirtschaft ist natürlich nicht nur die

Vermehrung des bebauten Bodens wichtig, sondern ebenso oder noch mehr die Verbesserung der Anbaumethoden. Die Einführung der segensreichen, für die leichten Böden der Mark und Pommerns wie geschaffenen Kartoffel oder des Klees, der Grünfutter ebenso liefert, wie er durch die Ansammlung von Stickstoff den Boden verbessert, der Import neuer Zuchtrassen wie der Merinoschafe aus Spanien: Dies alles verwickelt Friedrich in einen unendlichen Kampf mit dem gleichsam instinktiven Beharrungsvermögen von Gutsherren und Bauern. Welche Zumutungen! Und nicht einmal für die Wintermonate will der König Ruhe geben; alle sollen emsig sein, zum Beispiel am Spinnrad oder am Webstuhl.

Doch dahinter steckt viel mehr, ein allgemeines Wirtschaftsprinzip. Wir sprechen vom Merkantilismus: Die Ausfuhr soll zwar gesteigert, die Einfuhr aber gedrosselt werden; möglichst alles, was man braucht, gilt es im Lande selbst herzustellen. Das Ziel ist eine aktive Handelsbilanz, um den Staatsschatz anzuhäufen, aus dem im Kriegsfall die Feldzüge finanziert werden können. Zu den kostspieligen Waren, deren Einfuhr viel Geld kostet, gehören Güter des gehobenen Bedarfs wie Porzellan oder Seide. Daher die Bedeutung der königlichen Porzellanmanufaktur, deren Absatz mit allen Mitteln angekurbelt wird – und das königliche Steckenpferd, das Pflanzen von Maulbeerbäumen als Grundlage für die Zucht von Seidenraupen, ein im rauhen preußischen Klima freilich mühsames Unterfangen, das mehr kostet, als es einbringt. Charakteristisch sind auch Strafbestimmungen. Wer zum Beispiel Rohwolle zur Verarbeitung ins Ausland schafft, dem wird die Todesstrafe angedroht.

Das merkantilistische Prinzip fordert auf jedem Gebiet den lenkenden und aktiv eingreifenden Staat. Er soll als Bankier, als Kreditgeber ebenso tätig werden wie als Warenproduzent und als Kaufmann im Überseehandel. Alles dies findet man im friderizianischen Preußen. Die höchst umstrittene Frage aber ist: Was wird mit alledem eigentlich bewirkt? Wird tatsächlich die Wirtschaft vorangebracht? Oder wird sie nicht eher behindert, weil unter der bürokratischen Reglementierung die Initiative von »unten«, das bürgerliche Unternehmertum, erstickt, statt sich tatkräftig und selbstbewußt zu entfalten? Zur Beantwortung dieser Frage sind zwei Überlegungen notwendig.

Einerseits ist zu bedenken, daß der Dreißigjährige Krieg das Bürgertum tief und langfristig ruiniert hat, so daß es selbstbewußte Unternehmer kaum mehr gibt. Noch im Jahre 1786 nennt die Berliner Berufsstatistik zwar 7683 selbständige Meisterbetriebe, aber in ihrem Dienst nur 6014 abhängige Arbeitskräfte. Um 1770 zählt man im ganzen Lande lediglich 34 Betriebe mit mehr als 100 Beschäftigten, davon 14 in Berlin und Potsdam. Freilich zählt Berlin im Todesjahr Friedrichs auch erst hundertvierzehntausend Einwohner – gegen rund achthunderttausend in London. Oder um noch eine Vergleichszahl zu nennen: Der Minister von Heinitz beziffert im Wirtschaftsjahr 1781/82 den Wert der preußischen Einfuhren auf knapp zwölf Millionen Taler, die Ausfuhren auf knapp fünfzehn Millionen, zusammen wenig über fünfundzwanzig Millionen. Die englischen Ex- und Importe erreichen oder übersteigen dagegen zweihundert Millionen! Daß also Preußen noch weithin rückständig ist und der Staat sich als Entwicklungshelfer betätigen muß, leuchtet ein.

Andererseits steckt in jeder Vormundschaft die Tendenz, sich selbstgerecht zu überdehnen. Was der Philosoph aus Königsberg, Immanuel Kant, als geistiges Problem formuliert hat, gilt auch oder erst recht wirtschaftlich: »Daß der bei weitem größte Teil der Menschen (darunter das ganze schöne Geschlecht) den Schritt zur Mündigkeit, außer dem daß er beschwerlich ist, auch für sehr gefährlich halte: dafür sorgen schon jene Vormünder, die die Oberaufsicht über sie gütigst auf sich genommen haben. Nachdem sie ihr Hausvieh zuerst dumm gemacht haben und sorgfältig verhüteten, daß diese ruhigen Geschöpfe ja keinen Schritt außer dem Gängelwagen, darin sie sie einsperreten, wagen durften: so zeigen sie ihnen nachher die Gefahr, die ihnen drohet, wenn sie es versuchen, allein zu gehen. Nun ist diese Gefahr zwar eben so groß nicht, denn sie würden durch einigemal Fallen wohl endlich gehen lernen; allein ein Beispiel von der Art macht doch schüchtern und schreckt gemeiniglich von allen ferneren Versuchen ab.«

Womöglich hängt es nicht nur mit der Eigenmächtigkeit der Stände im Siebenjährigen Krieg zusammen, daß der alternde König Ostpreußen und die Krönungsstadt Königsberg nie mehr betreten hat. Von Ostpreußen und zumal von Königsberg aus entwickelt sich nämlich ein bedeutender Fernhandel mit England. Und während man Holz und Getreide exportiert, wird eine besondere Art von Konterbande importiert: die Lehre vom Freihandel und von der Arbeitsteilung. Adam Smith' preußischer Siegeszug beginnt hier und nirgendwo sonst. Kein Zufall ist es daher, daß nach dem Zusammenbruch des friderizianischen Staates bei Jena und Auerstedt die rettenden Reformen von Königsberg aus mit Hilfe einer bei Kant und seinem Kollegen Christian Jakob Kraus gebildeten liberalen Beamtenschaft im Zeichen von Gewerbefreiheit, Bauernbefreiung und Judenemanzipation in Angriff genommen werden.

Wie ein Wetterleuchten für Kommendes wirkt der »Fall Ursinus«. Im Jahre 1766 legt der Geheime Finanzrat Erhard Ursinus, der dreizehn Jahre lang als Beamter in Königsberg tätig war, einen

Bericht des Generaldirektoriums über Krisener-
scheinungen in Handel und Gewerbe vor; dieser
Bericht läuft praktisch auf eine Kritik an den
wirtschaftspolitischen Grundsätzen des Merkantilismus und damit des Königs hinaus. In einem
Begleitbrief der Spitzenbeamten heißt es, man
hoffe, daß der König es als Folge des Diensteifers
in Gnaden aufnehmen werde, wenn man »überall
die reine Wahrheit« gesagt habe. Aber der König
reagiert höchst ungnädig: »Ich staune über der
impertinenten Relation, so Sie mir schicken, ich
entschuldige die Ministres mit ihre Ignorance,
aber die Malice und Corruption muß exemplarisch bestraft werden, sonsten bringe ich die Ca-
naillen niemals in die Subordination.« Ursinus
wird zur Festungshaft nach Spandau geschickt.

Kein Zweifel: Friedrich folgt einem konservativen Muster. Das zeigt sich bereits am Zollsystem,
und ein Geheimer Finanzrat hätte dies wissen
müssen. Nicht nur an den Landesgrenzen werden
die Einfuhren mit massiven Zöllen abgeschreckt.
Es gibt auch Binnenzölle, die Akzise, die bereits
der Große Kurfürst nach niederländischem Vor-
bild entwickelt hat. An jedem Stadttor werden
Lebensmittel, Vieh und sonstige Handelswaren
besteuert. Stadt und Land werden auf diese Weise
getrennt; sie bleiben, zoll- und steuertechnisch
betrachtet, füreinander gewissermaßen Ausland.
So sonderbar uns dies vorkommen mag, genau
darin liegt – neben den natürlich dringend er-

wünschten Einnahmen – der Sinn der Akzise, der auch sonst durch viele und immer neue Vorschriften eingeschärft wird. Jeder soll an seinem Ort und in seinem Stand bleiben. Die Gewerbe sollen ein städtisches Monopol sein; auf dem Lande darf es nur die Handwerker geben, die dort unbedingt nötig sind, wie Hufschmiede oder Stellmacher.

Städtische Bürger andererseits sollen sich nicht in den ländlichen Grundbesitz einkaufen, schon gar nicht in adlige Rittergüter. Adlige wiederum werden mit dem Verlust ihrer Titel und ihrer Privilegien bedroht, wenn sie sich einem Gewerbe oder sonst einer Tätigkeit zuwenden, die den Bürgern gebührt. An diesen Prinzipien einer ständischen, stehenden Ordnung darf niemand rütteln. Allenfalls gibt es organisatorische Neuerungen im Zollsystem, wie die 1766 eingeführte »Regie«, bei der Franzosen die leitenden Posten besetzen, sehr zum Ärger der einheimischen Beamten und der Bevölkerung.

Der Widerspruch ist offensichtlich. Auf der einen Seite soll die Wirtschaftsentwicklung vorangebracht werden, auf der anderen Seite wird und bleibt sie blockiert. Aber warum wird nicht einmal der Versuch unternommen, den Widerspruch zu beseitigen oder wenigstens zu mildern? Der Antwort auf diese Frage kommen wir näher, wenn wir ein anderes Grundproblem des friderizianischen Staates betrachten: die Leibeigenschaft der Bauern und ihre Fronpflichten. Um von den Emanzipationsidealen der Aufklärung gar nicht erst zu reden, die Leibeigenschaft steht verquer zu den Erfordernissen einer modernen Landwirtschaft, die für Neuerungen offen sein und sich dynamisch entwickeln soll. Die Kundigen wissen das, und Friedrich ahnt es; ein Bericht aus der Spätzeit des 18. Jahrhunderts schildert es drastisch:

»Man denke sich die Menge der Streitigkeiten und Prozesse, die aus den Fronen hervorgehen; der Bauer ängstlich darauf bedacht, nur das Schuldige zu leisten; der Gutsherr und noch eifriger der Gutspächter stets dahinter her, um das Mögliche herauszuschlagen; Anfang und Ende des Dienstes, Ruhepausen, Verpflegung der Dienenden, Zustand von Wagen, Eggen, Pflügen: lauter Anlaß zu Streit und Zank. Will der Gutsherr eine nützliche Änderung in der Wirtschaft versuchen, etwa Weizen oder Gerste bauen, wo bisher Roggen oder Hafer stand, und kostet dies im geringsten mehr Arbeit, so wird der Dienstbauer mißvergnügt; soll der Boden einen Zoll tiefer gepflügt werden als bisher, so murrt der Hofdiener. Immer herrscht gegenseitiges Mißtrauen; heimliche Spannung ist stets im Begriff, in offenen Unfrieden auszubrechen. Die größte Verlegenheit entsteht in der Heu- oder Getreideernte, wo alles darauf ankommt, daß das günstige Wetter ausgenutzt wird. Mit heimlicher Schadenfreude sieht der Hofdiener ein Wetter aufsteigen. Nichts in der Welt bringt ihn zur Eile. Will der Herr den Wagen, solange derselbe beladen wird, ausspannen und die Pferde inzwischen an einen schon vollen Wagen anspannen lassen, so verweigert es das Dienstgesinde; die Pferde müssen sich krumm und lahm stehen, bis der Wagen voll ist, denn auf Wechselfuhren läßt sich der richtige Hofdiener nicht ein.«

Übrigens liegen das Guts- und Bauernland meist in wirrer Gemengelage ineinander verschachtelt, so daß schon dadurch eine rationelle Bewirtschaftung fast unmöglich wird. Was das zusammen mit der Renitenz der Fronpflichtigen bedeutet, schildert nach der Bauernbefreiung der preußischen Reformzeit ein Erfahrungsbericht über ›Erfolge der Regulierungen in Pommern‹: »Wir finden, daß da, wo ein Vorwerk sonst täglich zweiunddreißig Bauernpferde zum Dienst gebrauchte, jetzt nur zehn Hofpferde nötig sind; wir finden, daß da, wo bisher zehntausend Menschentage nötig waren, jetzt die Hälfte ausreicht.«

Warum also keine Reformen? Friedrich versucht sie. Aber nur im eigenen Besitz, auf den königlichen Domänen, kann er etwas bewirken. Er kann auch gegen das Bauernlegen, die Einziehung von bäuerlichem Grundbesitz durch die Gutsherren vorgehen. Aber zur Kernfrage der Leibeigenschaft erklären etwa die hinterpommerschen Stände, sie könnten wohl über das Wort diskutieren, nicht jedoch über die Sache. Würde diese angetastet, so ginge das an die Existenz, und der Adel könnte seine Söhne nicht länger für den Offiziersdienst zur Verfügung stellen. Das entscheidet. Zwischen dem preußischen Adel und dem preußischen Staat besteht ein enges Wechselverhältnis, ja geradezu eine Symbiose: Der Adel braucht die Sicherung seiner Standesrechte und eine standesgemäße Versorgung seiner Söhne; der Staat braucht Beamte und, vor allem, die zuverlässigen Offiziere, mit denen die Schlagkraft seiner Zwangsarmee steht oder fällt und die er nirgendwo sonst finden kann. Preußen in seiner Künstlichkeit und damit Bedrohtheit, in der Anstrengung, emporzukommen und sich zu behaupten, braucht sie zahlreicher und noch weit dringlicher als andere Staaten.

Ökonomie mithin, noch immer; man gerät in Versuchung, von einem Tauschgeschäft oder sogar von Kuhhandel zu reden. Schon in der älteren Zeit, als der Adel politisch noch etwas zu sagen hatte und stolz auf seine Rechte zur Steuerbewilligung oder -verweigerung pochte, ist es stets um solchen Handel gegangen. Die Vertrags- oder Geschäftsabschlüsse der Landtage, die sogenannten Rezesse, demonstrieren das Muster: Geldbewilligung für den Fürsten gegen Bestätigung und Erweiterung der Adelsrechte. Noch bei dem letzten brandenburgischen Rezeß von 1653 war es nicht anders. Dem Großen Kurfürsten werden Gelder bewilligt, um Beamte und Soldaten zu bezahlen. »Andererseits regelte dieser Rezeß definitiv die rechtliche Stellung des märkischen Adels, dem nicht nur seine alten Rechte wieder zugestanden, sondern ... auch eine ganze Reihe neuer Zugeständnisse gemacht wurde. Es wird bestimmt, daß Rittergüter nur im Besitz des märkischen Adels sein dürfen; das Konnubium mit dem Bürgertum wird verpönt, der Adlige, der eine Bürgerliche heiratet, mit Vermögensverlust bedroht. Die Gutsherrlichkeit des Adels erhält ihren rechtlichen Abschluß.«

Doch im 18. Jahrhundert, als der starke und straffe Staat den Adel längst nicht mehr fragt, wenn er Steuern erhebt, wird das Tauschgeschäft bloß in eine neue Form gebracht. Friedrich hat die Stellung des Adels sogar nochmals verstärkt. Es bleibt dem bürgerlichen Kapital nicht nur verwehrt, sich in Rittergüter einzukaufen, sondern eine Anordnung aus dem Jahre 1748 untersagt auch die Erweiterung staatlicher Domänen auf Kosten adliger Grundbesitzer, die noch Friedrich Wilhelm I. betrieben hatte. »Denn«, so schreibt der König, »ihre Söhne sind es, die das Land defendieren, davon die Race so gut ist, daß sie auf alle Weise meritieret, conserviert zu werden.«

Dieser Satz beleuchtet so knapp wie klar das Staatsinteresse: Der Adel stellt tüchtige Offiziere. Im Feuer der Schlesischen Kriege und des Siebenjährigen Krieges wird das schicksalsschwere Bündnis zwischen dem preußischen Staat und seinen »Junkern« endgültig gehärtet.

Betrachtet man die Sache in umgekehrter Blickrichtung, so liegt das Interesse nicht weniger klar zutage. Der Adel findet im Staatsdienst Möglichkeiten seiner standesgemäßen Versorgung. Dabei liegt der Nachdruck auf »standesgemäß« ebenso wie auf »Versorgung«. Das Ansehen in des Königs Rock hebt schon den jüngsten Fähnrich über den gewöhnlichen Bürger hinaus. Aber auch die Versorgung gerät durchaus nicht so knapp, wie es später in patriotischer Verklärung oft dargestellt worden ist. In den hohen Rängen der Beamtenschaft, die durchweg dem Adel vorbehalten bleiben, übersteigt sie im 18. Jahrhundert bei weitem, was man heute in vergleichbaren Stellungen für angemessen halten würde, von Vergleichen mit dem Einkommen zeitgenössischer Bauern oder Handwerker gar nicht erst zu reden. Überdies ist es vielfach möglich, durch Ämterhäufung und Ämterpatronage beträchtliche Vermögen zu erwirtschaften, die dann in neuem Güterbesitz angelegt werden können.

Sogar der Offizier, wenn er es nur erst zum Kompanie-Inhaber gebracht hat, ist zu beneiden. Denn bis zum Zusammenbruch des alten Staates bei Jena und Auerstedt, 1806, werden ihm alle Mittel für den Unterhalt seiner Soldaten pauschal überwiesen. Die meisten Soldaten bleiben jedoch für etwa zehn Monate im Jahr beurlaubt, um in der Landwirtschaft, als Heim- und Manufakturarbeiter ihren Unterhalt selbst zu verdienen. Auch wenn diese Tatsache bei den Zuweisungen zum Teil schon berücksichtigt wird, bleiben noch Möglichkeiten genug für ein einträgliches Wirtschaften – oder für die Mißwirtschaft, wie der Reformer und Vater der Landwehr Hermann von Boyen es dann rückblickend beschrieben hat: »Anstatt daß ein solcher Vorgesetzter als der Vater seiner Soldaten erscheinen soll, bekam er hier die Stelle eines wuchernden Krämers.« Erst die Neuorganisation des Heeres nach 1807 bringt Abhilfe.

Um den Sachverhalt, um den sich alles dreht, noch einmal in etwas anderer Beleuchtung darzustellen: Der preußische Adel ist zahlreich und meist kinderreich, aber in der Regel alles andere als wohlhabend. Das gilt besonders für Kernprovinzen wie die Mark Brandenburg und Pommern, weil hier die Güter, die man besitzt, durchweg mit ihren leichten, sandigen Böden nur wenig Ertrag abwerfen. Wie soll man da ein standesgemäßes Leben für die nachfolgenden Generationen sichern, wenn nicht zusätzliche Möglichkeiten sich bieten? Die Tatsache, daß dieser Adel sich von den Königen des 18. Jahrhunderts willig zum Staatsdienst und zur Treue gegenüber dem Hause Hohenzollern erziehen läßt, gibt daher wenig Rätsel auf.

Indessen weiß man sich kräftig zu wehren, so-

120

bald die eigenen Interessen bedroht scheinen. »Und der König absolut, wenn er uns den Willen tut«, heißt ein geläufiges Sprichwort. Hier liegt der Schlüssel zur Antwort auf die Frage, warum der organisatorisch beispielhaft moderne Staat Friedrichs zugleich doch seltsam altertümlich bleibt, ein Standesstaat, der an Leibeigenschaft und Fronpflicht der Bauern wenig zu ändern vermag. Auf der Garantie der ländlichen Eigentums- und Herrschaftsverhältnisse beruht nun einmal das historische Bündnis zwischen Thron und Adel. Ohnehin endet auf dem Lande der Staat beim Landrat, der selbst aus dem Familienkreis des Landadels stammt. Der Gutsherr ist deshalb nicht nur im wirtschaftlichen, sondern auch im rechtlichen Sinne der Herr der Bauern – kein reicher, aber ein mächtiger Mann, ein König im kleinen.

Freilich, wenn dies alles so nüchtern wie möglich dargestellt worden ist, bleibt noch etwas übrig, vielleicht das Wichtigste. Denn stirbt man eigentlich für Tauschgeschäfte, und seien sie noch so einträglich? Um das schwer Beschreibbare in eine Geschichte zu kleiden: »Wedel? – Wo ist Wedel?« ruft der König beim nächtlichen Ritt über das vom Blut getränkte Schlachtfeld, auf der Suche nach dem jungen Offizier, der ihm ans Herz wuchs. Aus den Reihen der Opfer, die das Schlachtfeld bedecken, kommt schließlich die Antwort, anders nur als erwartet: »Majestät, hier liegen lauter Wedels.« Später, nach dem großen

Krieg, durchreist der König das Gebiet der Wedels und fragt, wo sie denn alle geblieben seien, früher sei doch hinter jedem Ginsterbusch einer hervorgekrochen? Darauf der Landrat, der den König begleitet, leise: »Majestät, sie sind alle tot.«

In der Tat: »Ungeheuer sind die Blutopfer dieses Adels in den Kriegen Friedrichs des Großen. Zweiundsiebzig Wedel und achtundfünfzig Kleist fielen ... Von den fünfzig pommerschen Hertzberg, die zwischen 1740 und 1763 im Heer dienten, fielen siebzehn, die übrigen dreiundzwanzig blieben sämtlich nicht unverwundet. Von fünf Söhnen des Staatsministers v. Massow fielen im Siebenjährigen Krieg vier.« Blut ist ein besonderer Saft; es schafft einen eigenen Stolz und ein Ehrgefühl, es besiegelt Bündnisse, die hinabreichen in die Tiefen und die Verhängnisse des menschlichen Herzens. Das Vorrecht, das man im Staat und als Stand beansprucht, erscheint zugleich und vorab als ein Vorrecht zum Sterben. Je nachdem, wie man es sehen will, steckt darin eine Kraft zum Standhalten oder eine Macht der Erstarrung, die einzig um den Preis ihrer Katastrophe gebrochen werden kann.

Friedrich hat das Blutsbündnis auf seine Weise honoriert. Nach dem Siebenjährigen Krieg hat er alle nichtadligen Offiziere rigoros ausgeschieden, von ein paar Ausnahmen der Truppengattungen minderen Ansehens wie den Husaren, der Artillerie, den Festungsgarnisonen abgesehen. Dagegen werden Adlige nichtpreußischer Herkunft weiterhin willig aufgenommen. Schärfere Konturen kann der Doppelcharakter des Staates schwerlich gewinnen: diese beispielhafte, um nicht zu sagen traditionslose Modernität, die dennoch dem Vormodernen so tief verhaftet bleibt.

Als Friedrich den Thron besteigt, befinden sich Recht und Gerichtswesen in einem beklagenswerten Zustand. Die Richter sind schlecht ausgebildet und werden noch schlechter bezahlt; oft genug nähren sie sich, wie die Advokaten, von den Zuwendungen der Prozeßparteien. Über die Generationen, die Jahrhunderte hin haben sich Altes und Neueres unmerklich ineinander geschoben, so daß die Rechtslage meist ebenso undeutlich bleibt wie für die Gerichte die Grenzlinie ihrer Kompetenzen. Prozesse schleppen endlos sich hin, nicht bloß über Jahre, sondern durch Jahrzehnte. Bei Untersuchungen stößt man auf einen Fall, der vor zweihundert Jahren begann und noch nicht abgeschlossen ist. So gilt, wahrhaftig, was ein zeitgenössischer Jurist in die berühmten Verse brachte:

Es erben sich Gesetz' und Rechte
Wie eine ew'ge Krankheit fort;
Sie schleppen von Geschlecht sich zum
    Geschlechte

Und rücken sacht von Ort zu Ort.
Vernunft wird Unsinn, Wohltat Plage;
Weh dir, daß du ein Enkel bist!
Vom Rechte, das mit uns geboren ist,
Von dem ist, leider! nie die Frage.

Um der Plage zu steuern, ernennt Friedrich nach dem Ende des zweiten Schlesischen Krieges Samuel von Cocceji zum Großkanzler, das heißt zum Justizminister, und beauftragt ihn mit Reformen. Dabei geht es zunächst einmal weniger um die Inhalte als um die Formen, um Gerichtswesen und Prozeßrecht. Denn es kommt dem König darauf an, »bei den Justizcollegien solche Einrichtungen zu treffen, daß alle Prozesse ohne Weitläufigkeiten nach wahrem Rechte binnen Jahresfrist abgeschlossen werden könnten«. Gutes Recht findet einen seiner Maßstäbe darin, im genauen Sinne recht-zeitig zu sein.

Cocceji ist 1669 geboren worden. Zum Zeitpunkt seiner Ernennung ist er also schon ein alter Mann, und nach den Maßstäben des Jahrhunderts müßte man ihn einen Greis nennen. Aber mit Jünglingseifer macht er sich ans Werk. Im Januar 1747 reist er mit sechs Gehilfen nach Stettin, wo er eine Unordnung vorfindet, »dergleichen wohl niemals bei einem Collegio der Welt vorgekommen«. Nach sieben Monaten ist aufgeräumt; in Stettin werden 2284 und in Köslin 1110 Verfahren entschieden, darunter der Zwei-Jahrhunderte-

Fall, ein Grenzstreit zwischen dem Fiskus und dem Dorfe Kantreck. Zugleich entsteht eine neue Prozeßordnung, der Codex Fridericianus Pomeranicus.

Das Schicksal von Reformen pflegt es freilich zu sein, daß sie nach Anfangserfolgen unmerklich versanden. Cocceji stirbt 1755, seine ehemaligen Gehilfen und Nachfolger Jariges und Fürst geben sich mit dem Erreichten zufrieden. Ohnehin schafft der Siebenjährige Krieg dem König und dem Staat ganz andere Sorgen, und auch danach geschieht zunächst nur wenig. Den Anstoß zu einer zweiten Phase der Justizreformen liefert erst 1779 ein berühmter Fall: der Müller-Arnold-Prozeß.

In seinem Politischen Testament von 1752 hatte Friedrich geschrieben: »Ich habe mich entschlossen, niemals in den Lauf des gerichtlichen Verfahrens einzugreifen; denn in den Gerichtshöfen sollen die Gesetze sprechen und der Herrscher soll schweigen.« Ähnlich heißt es in der Neufassung von 1768: »Der Herrscher darf in das Rechtsverfahren nicht eingreifen. Allein die Gesetze sollen Herrscher sein. Die Pflicht des Herrschers beschränkt sich darauf, sie zu schützen.« Diesem Grundsatz huldigt die populäre Geschichte von der Windmühle bei Sanssouci: Ihr Klappern stört, und der König will sie abreißen lassen. Aber der Müller erklärt: »Ja, wenn es kein Kammergericht in Berlin gäbe.« Die Geschichte hat nur den Nachteil, frei erfunden zu sein; um auf den Anblick nicht verzichten zu müssen, zahlt Friedrich sogar dafür, daß die Mühle ihren Betrieb nicht einstellt.

In der anderen, der wahren Mühlengeschichte verstößt der König gegen den eigenen Grundsatz und greift dramatisch ein: Der Wassermüller Arnold hat an den Grafen Schmettau keine Pacht gezahlt mit der Begründung, daß ihm der Landrat von Gersdorff mit der Anlage eines Karpfenteiches das Wasser abgegraben habe. Das Gericht entscheidet gegen den Müller, der sich mit einer Bittschrift an den König wendet. Der ordnet eine neue Untersuchung durch die zuständige Behörde in Küstrin an, dann ein Revisionsverfahren beim Kammergericht. Das Urteil bleibt. Friedrich vermutet einen Justizskandal, eine Art Verschwörung der Hochgestellten gegen den armen Müller. Und dies »im Namen des Königs«! Er tobt, und er reagiert wie ein Despot: Der Regierungspräsident von Küstrin wird ebenso fristlos entlassen wie der Großkanzler Fürst, dieser mit den Worten: »Marsch, hinaus, seine Stelle ist schon vergeben!« Die Richter läßt Friedrich verhaften, das Urteil kassieren, den Müller wieder einsetzen, den Karpfenteich zerstören.

Der Fall hat einen nie völlig entschiedenen Expertenstreit ausgelöst. Die vorherrschende Meinung geht davon aus, daß der König willkürlich und widerrechtlich in ein einwandfreies Verfahren eingegriffen habe, sei es immerhin guten Glaubens. Aber es gibt auch Gegenstimmen. Wie immer es gewesen sein mag, der Fall wirkt unmittelbar als Polarisierung der Stände. Während die Spitzen der Gesellschaft mit ihren Kutschen in langer Reihe demonstrativ bei dem gestürzten Großkanzler vorfahren, feiern einfache Bürger und Bauern den König. Sein Ruhm dringt bis in die Ferne. Der Seefahrer Joachim Nettelbeck – zusammen mit Gneisenau im Jahre 1807 der Verteidiger Kolbergs gegen die Franzosen – berichtet, wie die Menschen in Lissabon ihn umringen und fußfällig bitten, von seinem großen Herrscher zu erzählen, als er sich als Preuße zu erkennen gibt.

Als mittelbare Folge der Affäre wird Johann von Carmer zum neuen Großkanzler ernannt und mit der Ausarbeitung eines umfassenden Gesetzeswerkes beauftragt. Carmer zieht bedeutende Mitarbeiter wie Carl Gottlieb Svarez heran, und es entsteht das Allgemeine Landrecht für die Preußischen Staaten, etwas knapper Preußisches Allgemeines Landrecht genannt. Es wird zwar erst nach Friedrichs Tod fertig und am 1. Juni 1794 in Kraft gesetzt. Aber es stellt den Abschluß der friderizianischen Zeit dar, sozusagen das Testament des alten, absolutistischen Staates, sein Vermächtnis an die Zukunft.

Gewiß: Dieses Testament enthält die Widersprüche der alten Ordnung. Auf der einen Seite werden Rechtsprinzipien entwickelt, die von einer neuen Epoche künden: Alle Menschen sind vor dem Gesetz gleich. Auf der anderen Seite muß dennoch dem Ständewesen Rechnung getragen werden: Die Menschen sind ungleich. Dabei fügt sich die Gesellschaft der Ständeordnung schon kaum mehr. Wohin gehören zum Beispiel die Beamten, unter denen es Adlige ebenso gibt wie Bürger? Nur verlegen und nur negativ definiert das Allgemeine Landrecht: »Der Bürgerstand begreift alle Einwohner des Staates unter sich, welche ihrer Geburt nach, weder zum Adel noch zum Bauernstande gerechnet werden können; und auch nachher keinem dieser Stände einverleibt sind.«

Doch nicht das Ungereimte, das Widersprüchliche scheint im Rückblick noch wichtig, sondern dies: Preußen legt nicht nur auf dem Schlachtfeld Ehre ein, sondern auch auf dem Felde des Rechts.

Viertes Kapitel
Aufklärung und Einsamkeit

An einem Augusttag des Jahres 1743 nimmt
Friedrich das Mittagsmahl unter freiem Himmel
ein, auf einem Hügel bei Potsdam. Der Blick ent-
zückt ihn; er skizziert ein Sommerschloß und beauftragt Knobelsdorff mit der Ausführung. Nach
den Verzögerungen, die der Krieg bedingt, beginnen die Arbeiten 1745, und am 1. Mai 1747 wird
die neue Residenz eingeweiht. Über dem Terras-
senhang mit seinen hundertzweiunddreißig Stu-
fen erhebt sich der zierliche Bau, knapp einhun-
dert Meter breit und nur eingeschossig zwölf Meter hoch, im Zentrum durch die Kuppel gekrönt,
eine Kostbarkeit des Rokoko: Sanssouci. Hier
lebt der König seither, sofern er nicht auf Reisen
ist, vom April bis in den Herbst, bis in den November hinein.

Sanssouci, Schloß Sorgenfrei, Flötenkonzert,
Geselligkeit, geistreiches Gespräch und heitere
Tafelrunde, später der alte Fritz, von seinen
Windhunden umspielt: Davon ist viel erzählt, das
ist gemalt worden, die Bilder haben sich eingeprägt. Geruhsam entspannt freilich dürfen wir
uns diese preußische Idylle nicht vorstellen, gemütlich erst recht nicht. Das Gemütvolle mag ein
Ideal der bürgerlichen Familie sein, in Deutsch-

land zumal, lutherisch geprägt. Aber es paßt nicht zum höfischen Leben, das immer gleichsam von Spiegeln umstellt bleibt. Und zu Friedrich paßt es schon gar nicht.

Voltaire, im Glanz seiner Bosheit, hat die Tafelrunde einmal so geschildert: »Soupiert wurde in einem kleinen Saal, wo als kuriosester Schmuck ein Bild hing, zu dem er seinem Maler Pesne, einem unserer besten Koloristen, den Vorwurf gegeben hatte. Es war eine prächtige Priapee. Junge Männer, Frauen umarmend, waren darauf abgebildet, Nymphen unter Satyrn, Amouretten im Spiel der Enkolpe und Gitone, ein paar Figuren, denen beim Anblick dieser Liebesspiele die Sinne schwinden, schnäbelnde Turteltauben, Böcke und Widder, Ziegen und Schafe bespringend. Die Mahlzeiten verliefen meist nicht weniger philosophisch. Wäre jemand plötzlich eingetreten, hätte dieses Bild gesehen und uns zugehört, er hätte geglaubt, die sieben Weisen Griechenlands unterhielten sich im Bordell.« Nur, wohlgemerkt: Frauen bleiben ausgeschlossen.

Friedrich braucht freilich keine Konkurrenz zu fürchten, wenn es um die Bosheit geht. Sie wetterleuchtet nur, wenn er dem Bruder August Wilhelm 1752 schreibt: »Ich wüßte Dir nichts Neues von hier zu melden, außer daß der Dichter ein Wörterbuch der Verdammten schreibt, daß der Jude schläft und an einem schlechten Buch arbeitet, daß der Italiener sich vollfrißt und jedermann

130

bekrittelt, und daß Dein Diener sich auf ihrer aller Kosten belustigt.« Der »Jude« ist der Marquis d'Argens, Freigeist und Schriftsteller, der »Italiener« Francesco Algarotti, berühmt dafür, daß er als Anhänger Newtons wissenschaftliche Kenntnisse im Sinne der Aufklärung popularisiert. Zu den Weisen von Sanssouci gehören ferner, unter anderen, der Akademiepräsident Maupertius und der Arzt und materialistische Philosoph La Mettrie, bekannt oder berüchtigt für sein Buch ›L'Homme-machine‹, ›Der Mensch als Maschine‹. Schlechthin überlebenswichtig aber ist für jedes Mitglied der Tafelrunde die Fähigkeit zum geistreichen Gespräch, zur schlagfertig geschliffenen Pointierung.

Und dann, vor allem, der »Dichter«: Voltaire. Friedrich hat ihn mit viel Überredung, mit der Aussicht auf Orden, Ehrungen, freien Haushalt und zusätzlich fünftausend Taler pro Jahr nach Potsdam gelockt. Von 1750 bis 1753 glänzt nun in Sanssouci das Doppelgestirn: der König, der schon der Große heißt, und der berühmteste Aufklärer und Schriftsteller Europas. Wie zuvor schon in ihrem Briefwechsel erklettern beide leichthin jeden Gipfel des Schmeichelns, von keiner Atemnot gehindert. Ohne zu erröten sagt Voltaire von Friedrichs eher lederner ›Geschichte des Hauses Brandenburg‹: »Dieses in seiner Art einzigartige Werk im Verein mit den anderen, von Ihren Siegen ganz zu schweigen, macht Sie zum außergewöhnlichsten Menschen, der je gelebt hat. Sire, Sie sind anbetungswürdig. Ich will meine Tage Ihnen zu Füßen verbringen. Schmeicheln Sie mir nicht zu sehr. Wenn das die Könige von Dänemark, Portugal, Spanien und so weiter täten, würde es mir nichts bedeuten; sie sind nur Könige. Aber Sie sind vielleicht der größte Mensch, der je auf einem Thron gesessen hat.« Noch nach einem Jahr klingt es wie Traum: »Ich komme in Potsdam an, die großen blauen Augen des Königs, sein holdseliges Lächeln, seine Sirenenstimme, seine fünf Schlachten, sein ausgesprochenes Gefallen an der Zurückgezogenheit und der Arbeit, an Versen und an Prosa, Freundlichkeiten, um den Kopf schwindeln zu lassen, eine entzückende Unterhaltungsgabe, Freiheit, im Verkehr vollkommenes Vergessen der Majestät, tausend Aufmerksamkeiten, die schon von seiten eines Privatmanns bestricken würden – alles das hat mir den Verstand verrückt, ich ergebe mich ihm aus Leidenschaft, aus Verblendung, ohne zu vernünfteln.«

Nicht ganz: Heimliche Spannungen gibt es von Anfang an, und bald stauen sie sich dramatisch auf. Wie auch sollen zwei Primadonnen miteinander auskommen, die so sehr von Eitelkeit, Eifersucht und ihrer Neigung zum Klatsch geplagt werden? Die Spannungen entladen sich zunächst zwischen Mitgliedern der Tafelrunde als Intrigenspiele, an denen Voltaire nach Kräften mitwirkt und von denen er, natürlich, die Welt wissen läßt. Dafür wird ihm zugetragen, was der König gesagt hat: Er brauche Voltaire höchstens noch ein Jahr; man presse die Orange aus und werfe die Schale weg. Friedrich muß seinerseits den Hohn spüren, wenn er zu lesen bekommt: »Majestät, wie bringen Sie das nur fertig? Ich habe in den letzten Wochen 150 Verse an das gerettete Rom gerichtet, während Ew. Majestät 400 oder 500 produziert haben.« An seine Nichte schreibt Voltaire: »Ich werde mir zu meiner Belehrung ein kleines Wörterbuch für Könige zusammenstellen. ›Mein Freund‹ heißt ›mein Sklave‹. ›Mein lieber Freund‹ heißt ›Du bist mir mehr als gleichgültig‹. ›Ich werde Sie glücklich machen‹ bedeutet ›Ich werde Sie dulden, solange ich Sie brauche‹. ›Speisen Sie heute abend mit mir‹ heißt: ›Ich werde Sie heute abend zum Besten halten‹.« Am Ende verläßt er Potsdam beinahe fluchtartig auf Nimmerwiedersehen – und wird, samt seiner Nichte, in Frankfurt am Main vom preußischen Gesandten festgesetzt, um die Herausgabe von Orden und Gedichten zu erzwingen. Friedrich schreibt inzwischen der Schwester Wilhelmine nach Bayreuth: »Er ist der schlimmste Schurke auf der Welt. Du wirst staunen, was er hier alles an fragwürdigen Machenschaften, Doppelzüngigkeit und Bosheit verübt hat. Viele Verbrecher, die aufs Rad geflochten werden, verdienen ihr Geschick weniger als er.« Doch Jahre zuvor schon hatte es ähnlich geklungen: »Es ist schade, daß eine so niedere Seele mit einem schönen Geist verbunden ist. Er hat die Artigkeiten und Bosheiten eines Affen.« Wie um dieses Urteil zu bestätigen, verfaßt und veröffentlicht Voltaire ein Pamphlet, in dem er mit unmißverständlichen Zweideutigkeiten auf Friedrichs Neigung zu jungen Offizieren und schönen Pagen, zu einer Ballerina wegen ihrer männlich wirkenden Beine und zu dem »grand factotum« Fredersdorf anspielt, der »dem König auf mehr als eine Weise gedient« habe.

Man sollte meinen, daß damit das Tischtuch ein für allemal zerschnitten ist. Keineswegs. Nach einiger Zeit lebt der Briefwechsel wieder auf. Friedrich zeigt sich ungewohnt großmütig: »Sie haben mir gegenüber ganz entschieden Unrecht gehabt. Ich habe Ihnen verziehen; ich will sogar alles vergessen. Hätten Sie aber nicht mit einem zu tun gehabt, der in ihr schönes Genie irrsinnig verliebt war, wären Sie nicht so gut davongekommen. Wollen Sie Süßigkeiten? Ich will Ihnen Wahrheiten sagen: Ich achte in Ihnen das schönste Genie, das Jahrhunderte hervorgebracht haben; ich liebe Ihre Gedichte; ich bewundere Ihre Prosa. Sie sind im Gespräch hinreißend; Sie verstehen es, zugleich zu belehren und zu unterhalten. Sie sind das verführerischste Geschöpf, das ich kenne.« Der Briefwechsel dauert fort und fort; Lobeshymnen und bittere Kritik wechseln einander ab. Vielleicht bedurfte es der Distanz, damit der große König und der große Intellektuelle einander ertragen und tatsächlich Wahrheiten sagen konnten. Als Voltaire 1778 stirbt, verfaßt Friedrich eine ehrende Gedenkrede ohne Mißklang. Und wenn der Dichter einst den König »anbetungswürdig« genannt hatte, dann sagt der jetzt: »Göttlicher Voltaire, bitte für uns.«

Zum Ruhm des Aufklärers auf dem Königsthron gehört seine politische Praxis religiöser Toleranz. Will man sie beurteilen, so ist allerdings gleich eine Einschränkung oder vielmehr Erweiterung notwendig. Denn diese Praxis beginnt nicht erst mit Friedrich. Sie stellt vielmehr ein Leitthema der brandenburg-preußischen Geschichte dar, seit im Jahre 1613 der Kurfürst Johann Sigismund zum reformierten Glauben übertritt und damit die eigenartige Konstellation eines im Herrscherhaus der Hohenzollern verkörperten »Calvinismus von oben« schafft, über den Untertanen, die in ihrer großen Mehrheit Lutheraner sind. Der Kurfürst kann den Glaubenswechsel seiner Untertanen nicht erzwingen, ohne unabsehbare Konflikte zu riskieren, und er will dies auch nicht. Daher verbindet er mit dem ausdrücklichen Verzicht auf den herrscherlichen Glaubenszwang ein »Lästeredikt« gegen die Kanzelhetze; der Toleranzgedanke findet darin sprechenden Ausdruck: »Auch wollen seine kurfürstlichen

Gnaden zu diesem Bekenntnis keinen Untertanen öffentlich oder heimlich zwingen, sondern den Kurs und Lauf der Wahrheit Gott allein befehlen, weil es nicht an Rennen und Laufen, sondern an Gottes Erbarmen gelegen ist.« Ein edles Wort, das freilich im Feldgeschrei erbarmungsloser Religionskämpfe und des bald beginnenden Dreißigjährigen Krieges kaum Gehör findet.

Energisch greift dann der Große Kurfürst durch. Den frommen Liederdichter, aber streitbaren Lutheraner Paul Gerhardt, der auf konfessionelle Polemik nicht verzichten will, vertreibt er 1666 aus seiner Pfarrstelle an der Berliner Nikolaikirche. Ihren Höhepunkt erreicht die aktive Toleranzpolitik im Edikt von Potsdam vom Herbst des Jahres 1685. Es antwortet auf die Aufhebung des Edikts von Nantes durch Ludwig XIV., also auf die Rücknahme der Glaubensfreiheit für die französischen Protestanten, die Hugenotten. Ein denkwürdiger Vorgang: Der kleine, armselige und zerrissene Staat beinahe am Rande der Zivilisation, im Kreis der Mächtigen noch kaum gezählt, erhebt seine Stimme gegen die Vormacht Europas, und es ist eine Stimme der Toleranz gegen Fanatismus und Verfolgung. Sie ruft den Bedrängten, den Flüchtlingen zu: »Seid willkommen, wir bieten euch Asyl, eine neue Heimat.« Sie sind in Scharen gekommen, und sie haben ihrem neuen Vaterland die Hilfe durch Leistungen reichlich vergolten.

Was die brandenburgischen Kurfürsten im 17. Jahrhundert beginnen, führen die preußischen Könige im 18. Jahrhundert weiter. Friedrich Wilhelm I. nimmt unter anderem die aus Salzburg vertriebenen Protestanten auf, und im Jahre 1722 schreibt er in seinem Politischen Testament für den Thronfolger im Geist und im Stil der Vorfahren: »An alle Konsistorien in eurem Lande müßt ihr einen Befehl ergehen lassen, daß die Reformierten und Lutheraner auf den Kanzeln keine Kontroversen traktieren, ganz besonders nicht von der Gnadenwahl. Auch sonst sollen sie auf den Kanzeln nur das reine Wort Gottes predigen; sie dürfen sich nicht in weltliche Angelegenheiten einmischen, was sie gerne tun. Die Herren Geistlichen müssen kurzgehalten werden, denn sie wollen gern als Päpste in unserem Glauben regieren.«

Bei Friedrich sind vor allem und mit Recht seine Randglossen berühmt geworden. Im Jahre 1740 wehrt er einen evangelischen Vorstoß gegen die katholische Kirche in Glogau mit der Bemerkung ab: »Die Religionen müssen alle tolerieret werden, und muß der Fiskal nur das Auge darauf haben, daß keine der anderen Abbruch tue, denn hier muß ein jeder nach seiner Fasson selig werden.« Im gleichen Jahr heißt es auf eine Anfrage des Generaldirektoriums, ob ein Katholik das Bürgerrecht erwerben dürfe: »Alle Religionen sind gleich und gut, wenn nur die Leute, so sie professieren, ehrliche Leute sind. Und wenn Türken und Heiden kämen und wollten das Land peuplieren, so wollen wir ihnen Moscheen und Kirchen bauen. Ein jeder kann bei mir glauben, was er will, wenn er nur ehrlich ist.«

Der Sache nach ändert sich damit kaum etwas, nur der Stil wechselt ins Lapidare, glanzvoll Zugespitzte. Und ein zusätzliches Motiv wird erkennbar: Seit der Eroberung Schlesiens, die noch keineswegs gesichert ist, wächst die Zahl katholischer Untertanen, die für Preußen gewonnen werden sollen. Ähnliches ist beim Bau der katholischen Hedwigskathedrale in Berlin im Spiel, mit dem 1747 begonnen wird; nicht von ungefähr trägt diese Kirche den Namen jener Heiligen, die als Schutzpatronin Schlesiens verehrt wird. Nicht Überzeugung also ist hier am Werk, sondern ein kühl kalkuliertes Prinzip der Staatsraison. Und darin steckt freilich noch etwas, was es weder vorher noch nachher in dieser Form je gegeben hat: Ein Unterton von Ironie, ja von Verachtung wird bei dem aufgeklärten Skeptiker auf dem Thron hörbar. In einem Gesangbuchstreit entscheidet der König: »Es steht einem jeden frei zu singen: ›Nun ruhen alle Wälder‹ oder dergleichen dummes und törichtes Zeug mehr. Aber die Priester müssen die Toleranz nicht vergessen, denn ihnen wird keine Verfolgung gestattet werden.« Der zweite Satz hätte auch von Friedrichs frommem Vorgänger stammen können, der erste gewiß nicht. Er markiert den Abgrund, der den

Sohn vom Vater trennt. Dabei handelt es sich nicht um einen Einzelfall, sondern um das durchgehende Muster, das durch viele Äußerungen ähnlicher Art und durch beinahe alle Gesprächspartner vom frühen Rheinsberg bis zum späten Sanssouci bezeugt wird.

Nur zwei mildere Beispiele noch der Ironie: »Daß der Arrestant Gott gelästert hat, ist ein Beweis, daß er ihn nicht kennt; daß er mich gelästert hat, vergebe ich ihm; daß er aber einen edlen Rat gelästert hat, dafür soll er exemplarisch gestraft werden und auf eine halbe Stunde nach Spandau kommen.« Eine Gemeinde bittet um Ablösung ihres Pfarrers, weil der nicht an die Auferstehung glaubt. Antwort: »Der Pfarrer bleibt. Wenn er am Jüngsten Gericht nicht mit auferstehen will, kann er ruhig liegen bleiben.« Man mag das als Kampf gegen Engherzigkeit und Vorurteile sympathisch finden. Aber Witz sollte eine Waffe der Ohnmächtigen, nicht der Mächtigen sein. Mit deutlicher Anspielung auf Friedrich und wohl mit Recht hat schon Lessing gewarnt: »Gott hat keinen Witz und die Könige sollten auch keinen haben, denn hat ein König Witz, wer steht uns für die Gefahr, daß er deswegen einen ungerechten Ausspruch tut, weil er einen witzigen Einfall dabei anbringen kann.«

Daß die Toleranzpraxis rein zweckorientiert bleibt und darin ihre Grenzen findet, läßt sich exemplarisch am Schicksal einer Minderheit demonstrieren: der Juden. Gewiß, sie werden nicht verfolgt. Sie sind sogar willkommen, wenn sie Wohlstand ins Land bringen. So hat der Große Kurfürst die aus Wien und Niederösterreich vertriebenen Juden aufgenommen. Und der große König hat jüdische Hilfe nicht verschmäht, sondern sich ihrer nach Kräften bedient, etwa bei seinen Münzmanipulationen während des Siebenjährigen Krieges. Aber sogar der unbeirrbare Verehrer Preußens, Hans Joachim Schoeps, hat zugeben müssen: »Text und Geist des Generaljudenreglements von 1750 – Mirabeau nannte es ›würdig eines Kannibalen‹ – waren noch ganz mittelalterlich orientiert. Die Toleranz war nur innerchristlich gemeint.« Von Emanzipation ist keine Rede. Sofern man sicher sein dürfte, daß Friedrich selbst von Vorurteilen frei war, müßte die mangelnde Bereitschaft, ihnen entgegenzutreten, als schierer Opportunismus um so schwerer wiegen. Aber darf man sicher sein? In einem nicht für die Öffentlichkeit bestimmten Dokument, dem ›Politischen Testament‹ von 1752, heißt es: »Der Herrscher muß ein Auge auf die Juden haben, er muß ihre Einmischung in den Großhandel und das Wachstum ihrer Zahl verhüten und ihnen wegen jeder Unehrlichkeit das Asylrecht entziehen. Denn nichts schadet dem Handel mehr als der unerlaubte Profit, den die Juden machen.« Wie klingt das, was ist gemeint?

Die Frage läßt sich noch anders und allgemeiner

formulieren: Was eigentlich ist gemeint, wenn wir von einem aufgeklärten Herrscher sprechen? Friedrich hat die Antwort mit wünschenswerter Deutlichkeit gegeben. An d'Alembert schreibt er: »Denken wir uns eine beliebige Monarchie mit zehn Millionen Einwohnern. Davon ziehen wir zunächst die Bauern, Fabrikarbeiter, Handwerker und Soldaten ab. Bleiben etwa fünfzigtausend Männer und Frauen. Davon ziehen wir fünfundzwanzigtausend Frauen ab; der Rest bildet den Adel und den höheren Bürgerstand. Prüfen wir nun, wie viele davon geistig träge, stumpf und schwachherzig oder ausschweifend sind, so wird die Rechnung ungefähr ergeben, daß von einem sogenannten zivilisierten Volke kaum tausend Personen gebildet sind – und auch da, welche Unterschiede der Begabung!« Deshalb ist es »verlorene Mühe, die Menschheit aufklären zu wollen, ja, oft ist es ein gefährliches Unterfangen. Man muß sich damit begnügen, selber weise zu sein, wenn man es vermag, aber den Pöbel dem Irrtum überlassen und nur danach trachten, ihn von Verbrechen abzubringen, die die Gesellschaftsordnung stören.«

Als Voltaire beklagt, daß man in Frankreich Menschen wegen Verhöhnung des Abendmahls zum Tode verurteilt, antwortet der König: »Denken Sie an das Wort Fontenelles: Wenn meine Hand voller Wahrheiten wäre, würde ich zweimal überlegen, ehe ich sie öffnete. Wenn Sie

mich fragen, ob ich ein Urteil von dieser Strenge verkündet hätte, so ist meine Antwort: nein. Ich hätte die Strafe der Schwere des Verbrechens entsprechend gemacht. Ich hätte gesagt: Du hast die Statue zerbrochen, also mußt Du sie wieder aufrichten. Du hast den Hut vor dem Dorfgeistlichen nicht abgenommen, der den bekannten Gegenstand trug, also mußt Du vierzehn Tage lang ohne Hut in der Kirche erscheinen. Du hast die Werke Voltaires gelesen, also mußt Du die Summa des hl. Thomas unter der Anleitung des Geistlichen studieren ... Die Toleranz muß jedem Bürger die Freiheit lassen, zu glauben, was er will. Aber sie darf nicht so weit gehen, die Frechheit und Zügellosigkeit junger Hitzköpfe gutzuheißen, die das vom Volk Verehrte dreist beschimpfen. Das ist meine Ansicht. Sie deckt sich mit dem, was zur Sicherung der Gedankenfreiheit und der öffentlichen Ruhe nötig ist – und das ist der erste Gesichtspunkt jeder Gesetzgebung.«
Auch von einer Vernunftreligion, wie die Aufklärer sie diskutieren, ist nichts zu halten: »Glauben Sie mir, wenn die Philosophen eine Regierung gründeten, würde das Volk binnen fünfzig Jahren sich einen neuen Aberglauben schaffen; man würde sich andere Götzen machen oder das Grab des Gründers anbeten oder die Sonne anrufen oder es würde irgendeine andere Abgeschmacktheit den einfachen und reinen Kultus des höchsten Wesens verdrängen.«

Darin mag Wahrheit sein. Auch oder gerade seit Friedrichs Tagen hat der Schrecken neuer Heilslehren sie hinlänglich bewiesen. Nur eben: Dem königlichen Aufklärer sind alle Katzen grau. Aberglauben ist überall. Im Kern der Toleranz für den überkommenen Glauben steckt nicht die Spur von Achtung, sondern die pure politische Zweckmäßigkeit. Und es steckt darin die Menschenverachtung: »Es gibt nichts Ungereimteres als den Gedanken, den Aberglauben ausrotten zu wollen. Die Vorurteile sind die Vernunft des Volkes – und verdient dies blöde Volk, aufgeklärt zu werden?«

Immanuel Kant hat noch zu Lebzeiten Friedrichs, 1784, in seinem Aufsatz ›Beantwortung der Frage: Was ist Aufklärung?‹ formuliert, worauf es ankommt: »Aufklärung ist der Ausgang des Menschen aus seiner selbst verschuldeten Unmündigkeit. Unmündigkeit ist das Unvermögen, sich seines Verstandes ohne Leitung eines anderen zu bedienen. Selbstverschuldet ist diese Unmündigkeit, wenn die Ursache derselben nicht am Mangel des Verstandes, sondern der Entschließung und des Mutes liegt, sich seiner ohne Leitung eines anderen zu bedienen. Sapere aude! Habe Mut, dich deines eigenen Verstandes zu bedienen! ist also der Wahlspruch der Aufklärung.«

Der Philosoph aus Königsberg hofft darauf, daß in einem langfristigen Prozeß des öffentlichen Diskutierens Aufklärung sich durchsetzen kann, und zu seinen Hoffnungen zählt das friderizianische Preußen. Aber bei Friedrich selbst bleibt keine Hoffnung.

Menschenverachtung: Das Wort klingt so hart wie endgültig – und erst recht das Urteil, das sich damit andeutet. Aber muß es das letzte Wort bleiben, das abschließende Urteil? Wahrscheinlich nicht. Es verbirgt sich mehr dahinter, Tieferes noch und Dunkleres: Einsamkeit. Erst wenn wir ihr ins Auge blicken, werden wir, angerührt und betroffen, hinter dem König einen Menschen erkennen.

Wenn Friedrich für die Frauenliebe nicht geschaffen ist, dann doch um so mehr für die Männerfreundschaft. Man mag nun fragen, wann die Vereinsamung beginnt, die Unfähigkeit, neue Freundschaften zu schließen. Psychologen werden vielleicht auf die Schreckensszene von Küstrin verweisen, die Hinrichtung Kattes vor den Augen des Achtzehnjährigen. Tatsache ist jedoch, daß gerade in dieser Zeit und noch danach wichtige Freundschaften beginnen.

Dieser Kammerdiener zum Beispiel. Warum über ihn die Nase rümpfen, nur weil er aus einfachen Verhältnissen stammt, oder mit Voltaire sich lustig machen, weil er in eine glanzvoll Französisch plaudernde Tafelrunde nicht paßt? Michael Gabriel Fredersdorf, 1708 geboren, fällt den Werbern des Soldatenkönigs in die Hände, weil er groß und gut gewachsen ist; im Küstriner Regiment dient er als Oboist und kommt dadurch zu Friedrich. Dessen persönliche Angelegenheiten verwaltet er mit Umsicht und Diskretion. Später bringt er es dank der königlichen Zuwendungen, aber auch auf Grund eigener Befähigung zum Gutsbesitzer und zum wohlhabenden Mann. Was sich vom Briefwechsel erhalten hat – vor allem von Fredersdorf nur wenig –, zeigt Offenheit, Hingabe, Zärtlichkeit. Fredersdorf wird von ähnlichen Leiden geplagt wie der König, er kränkelt; Friedrich gibt Ratschläge, warnt vor Quacksalbern, schickt den eigenen Arzt Cothenius und ermahnt den unfolgsamen Patienten: »ich habe gemeinet, du häst mihr lieb und wirst mihr nicht den chagrin (Kummer) machen, Diehr umbs leben zu bringen. nun weis ich nicht, was ich davon glauben sol! glaube, daß ich es recht guht mit dihr meine, und daß dir in der Diet und gebrauch der Mitel nichts vorgeschrieben wirdt, als was zur erlangung deiner gesundheit nothwendisch ist. ich bite Dihr, folge doch hübsch und erinnre Dihr, daß du mihr heilich versprochen hast ... Du Könst Dihr auf mihr verlassen, daß ich nicht mehr Sorge vohr mihr haben küntc, wann ich krank wäre als vohr Dihr!« Ein andermal heißt es: »Es thuet mihr recht leit, daß das Fiber Dihr noch nicht verlassen wil. ich wolte es Dihr gerne abnehmen! ich Sitze dem Cothenius So viel auf den hals, als Möglich ... ich Küsse den

Docter, wann er Dihr gesundt macht!« Und noch einmal: »wohr (wenn) heüte Mittag die Sone Scheint, So werde ich ausreiten. Kome doch am fenster, ich wolte Dihr gerne sehen! aber das fenster mus feste zu-bleiben; un in der Camer mus Stark feüer Seindt! ich Wünsche von hertzen, das es sich von tagezu-tage mit Dihr besseren Möhge. gestern habe ich Deine besserung Celebriret mit 2 buteillen ungerschen wein. Carel (ein Page) hat vohr Kitzelln gequipt...« Trotz aller Fürsorge stirbt Fredersdorf 1758.

Zwei wichtige Freunde ganz anderer Art aus der Kronprinzenzeit, aber auf ihre Weise Friedrich vertraut und verbunden, sind Charles Etienne Jordan und Dietrich von Keyserlingk. Beide sterben kurz nacheinander im Jahre 1745. Für eine etwas spätere Zeit sind vielleicht noch die Brüder George und Jakob Keith besonders zu nennen – nicht zu verwechseln mit dem Mitverschworenen der Fluchtpläne von 1730. Sie stammen aus alter schottischer Adelsfamilie und müssen ihre Heimat als Parteigänger der Stuarts verlassen. George macht in Preußen als Diplomat Karriere, Jakob als General; er fällt 1758 bei Hochkirch.

Wie Friedrich auf den Verlust von Freunden reagiert, zeigen bewegende Briefe. »Einen wahren Freund halte ich für eine Himmelsgabe. Nach meiner Ansicht gibt es ohne Freundschaft kein Glück.« – »Was heißt leben, wenn man sich all derer beraubt sieht, mit denen man am längsten gelebt hat, wenn der Tod uns die, welche wir lieb hatten, für immer entreißt. Glücklich, glaube ich, kann auf Erden nur sein, der niemand liebt.« Einzige Ablenkung bringt die Arbeit: »Doch wird mein Geist dann wieder auf vergangene Zeiten gelenkt, so öffnen sich die Wunden des Herzens von neuem, und ich muß vergeblich wieder betrauern, was ich alles verlor.« – »Man ist nur glücklich auf der Welt, wenn man sich beschäftigt. Ich habe fast alle meine Freunde und alten Bekannten verloren und finde nur im Studium und in der Arbeit Trost. Man muß lernen, sich selbst zu genügen und die Welt entbehren zu können. Das ist hart, aber anders wüßte ich mir mein Leben nicht erträglich zu machen.«

Vielleicht wird in diesen Worten schon etwas vom fatalen Zirkel der Vereinsamung erkennbar. Wer nicht immer neue Freundschaften schließt, ist bald allein. Aber gerade weil Friedrich Freundschaften so tief empfindet, als einzige Quelle wirklichen Glücks, scheut er nach den Erfahrungen des Verlustes vor neuen Bindungen, in denen er den Schmerz des Abschieds schon ahnt. Wenn so viele Beobachter den Jugendlichen, den Kronprinzen als »weich« und »empfindsam« geschildert haben, um dann von seiner Härte überrascht zu werden, dann bleibt doch an der Beobachtung ein wahrer Kern. In der Distanziertheit, in der Kälte und Erstarrung des gereiften Mannes und Königs steckt viel von einem Panzer zum

Selbstschutz, von der Scham und den Ängsten eines nur zu leicht verletzbaren Herzens. Aber noch beim alten Manne bricht bisweilen die eingekapselte Empfindsamkeit wieder hervor. Als der Neffe Heinrich, den er wie einen Sohn liebt, achtzehnjährig stirbt, verfaßt er eine Gedenkrede, die der Vorleser Thiebault in der Akademie vortragen soll. Doch zunächst will Friedrich sie dem Vorleser vorlesen, und Thiebault notiert: »Zuerst las er wie ein Mensch, der sich selbst beherrschen will; man merkte es am Ton seiner Stimme, der er Festigkeit zu geben sich bemühte; er sprach langsam und machte häufige und ziemlich lange Pausen. Aber schon bei der zweiten oder dritten Seite begann seine Stimme zu schwanken. Die Tränen stiegen ihm in die Augen, er mußte oft innehalten und nach seinem Taschentuch greifen. Er wischte sich das Gesicht ab, hustete, räusperte sich; trotz alledem kam er nicht bis zum Ende der vierten Seite, seine Augen schwammen in Tränen und sahen nicht mehr; seine erloschene und ganz erstickte Stimme konnte kein Wort mehr hervorbringen, und mit einem Schluchzen, dem er nicht widerstehen konnte, streckte er die Hand nach mir aus und reichte mir stillschweigend das Heft.«

Vieles ließe sich erörtern und anfügen; nur eines sei hier noch erwähnt: Der König und der Mensch kommen einander in die Quere. Zu den Bedingungen, zum Preis der Alleinherrschaft, der

Macht und des Ruhms gehört wohl immer ein Andrang von Einsamkeit. Man kann ihn lindern im höfischen Prunk, im Glanz der Feste, in der Leidenschaft für Frauen, für das Spiel oder die Jagd. Alles dies steht Friedrich nicht zur Verfügung. Dagegen sind ihm von seiner Kindheit an die Kunst der Verstellung und ein überwaches Mißtrauen geradezu als Überlebensbedingungen eingeprägt worden: Männer wollen in einer männlich bestimmten Ordnung etwas erreichen; sie verfolgen Pläne, sind auf Ansehen, Einkommen und Vorteil bedacht. Sie suchen das Ihre. Wie eigentlich soll man da, als König, sich ohne Rückhalt öffnen, wie wirklich vertrauen und ganz sich hingeben?

Nimmt man die immer wachsende und am Ende undurchdringliche Einsamkeit zum Ausgangspunkt, so wird vieles erklärbar, was sonst unerklärlich bliebe. Man denke zunächst an die unaufhörlich sprudelnde Versproduktion. Sie wird als ein Mittel der Ablenkung, der Betäubung erkennbar; Friedrichs eigener Vergleich mit dem Trinken wurde schon zitiert. Man denke aber auch an die Tafelrunden mit ihren Tag um Tag meist vielstündigen, oft bis zur schieren Erschöpfung und bis zur Verzweiflung der Partner ausgedehnten Gesprächen.

Reden, unaufhörlich, um die Einsamkeit zu übertönen: Wer dies von der Gegenwart her betrachtet, gerät trotz der Distanz von über zwei

Jahrhunderten in die Versuchung, Friedrich beinahe als Zeitgenossen, jedenfalls als sehr modernen Menschen anzusehen. Um so stärker tritt allerdings auch die Fremdheit des Herrschers in den Blick. Welch eine Spannung zwischen dem Menschen und dem König! Das gesellige Gespräch fordert die Gleichheit unter Gleichen; es stirbt im Bewußtsein ungleichen Ranges. Aber wie können die Partner bei noch so viel königlicher Liebenswürdigkeit den König je wirklich vergessen? Oder wie erst sollen sie mit der Bosheit fertig werden, die sie nicht heimzahlen können? Voltaire hat in der späteren Phase des Briefwechsels Friedrich vorgehalten: »Sie haben einen gehässigen Fehler. Sie erfreuen sich an der Herabsetzung ihrer Mitmenschen.« Das ist so wahr wie für die Partner unerträglich. Aber was, wenn nicht die pure Langeweile, bleibt andererseits vom geselligen Gespräch ohne ein Salzkorn boshaften Witzes? Es gibt aus dem Widerspruch kein Entkommen, in keiner Richtung – es sei denn für Persönlichkeiten vom Range Voltaires der Bruch der Beziehung, die Distanzierung, der Rückzug aus Selbstachtung. So ist es kein Zufall, sondern konsequent, wenn über die Jahre hin die Tafelrunde von Sanssouci mehr und mehr ihren Glanz verliert, bis am Ende für den König beinahe nur noch die beflissenen Stichwortgeber für Monologe bleiben – und für den gealterten Mann beinahe nur noch seine Windhunde.

Was sonst noch oder vielmehr vor allem anderen bleibt, ist natürlich die Arbeitsleistung Tag für Tag, Jahr um Jahr, lebenslang. Es ist die Pflichterfüllung, der Dienst am Staate. Ganze Generationen sind später emsig gewesen, daraus ein preußisches Heiligtum, eine deutsche Kathedrale zu erbauen. Friedrich blieb nüchterner. Er hat gewußt, daß es sich immer zugleich um ein Mittel handelte, das Unerträgliche zu tragen. Um es so hart und klar zu formulieren, wie der große König es verdient: Die Kathedrale der Pflichterfüllung türmt sich auf einer Schädelstätte des Glücks. Dies auszusprechen, heißt keineswegs, die Größe in Zweifel oder gar in den Staub zu ziehen. Das wirklich Große beginnt immer erst, wo die Gemütlichkeit aufhört und der Schrecken einsetzt, hart vor dem Abgrund, der schaudern macht. Nüchternheit bleibt darum um so mehr geboten – und Nachdenklichkeit: Noch zu Friedrichs Lebzeiten, 1776, proklamiert die amerikanische Unabhängigkeitserklärung die Alternative, die Epoche macht: »pursuit of happiness«, das Verfolgen des Glücks als ein dem Menschen eingeborenes und unveräußerliches Grundrecht.

Die Einsamkeit ist eine Schwester der Erstarrung, wie diese eine Botin des Todes. Die Erstarrung macht sich auf vielen Gebieten bemerkbar: in der Wirtschafts- und Steuerpolitik, sogar in der Heeresorganisation. Friedrichs letzter Feldzug im Bayerischen Erbfolgekrieg von 1778/79 erreicht zwar sein politisches Ziel; der Zugriff Österreichs auf Bayern wird abgewehrt. Aber es zeigen sich erschreckende Mängel, nicht zuletzt Führungsmängel. Unwillkürlich wird man an die Eindrücke erinnert, die der Kronprinz einst vom letzten tatenlosen Feldzug des gealterten Prinzen Eugen gegen Frankreich am Rhein mitbrachte.

Erstarrung auch geistig: Über Voltaire führt für Friedrich nichts mehr hinaus. Schon die Altersgenossen unter den französischen Aufklärern wie Diderot und Rousseau lehnt er ab. Das mag verständlich sein; die radikalen politischen Konsequenzen etwa von Rousseaus »Contrat Social« können nicht nur einen absoluten Herrscher erschrecken. Erst recht muß der Kult der Empfindsamkeit, der im Gefolge Rousseaus sich in Europa ausbreitet, einem Manne tief zuwider sein, den die Überwindung der eigenen Empfindsamkeit als Lebensopfer so viel gekostet hat. Charakteristisch ist jedoch, daß eine wirkliche Auseinandersetzung gar nicht mehr stattfindet.

Das zeigt sich exemplarisch an jener seltsamen Schrift, mit der der alte König im Jahre 1780 seine Zeitgenossen verblüfft: ›De la Littérature Allemande‹. Sie geht von alten, längst überholten Vorstellungen und Vorlagen aus, in souveräner Nichtachtung dessen, wovon sie handelt: der deutschen Literatur. Der Autor kennt weder Klopstock noch Lessing, weder Wieland noch Herder, von Goethe nur den ›Götz‹. Maßstab bleibt die französische Klassik. Daher eignen sich nach Friedrichs Meinung die Stücke Shakespeares allenfalls für die Wilden Kanadas als ihrem angemessenen Publikum. Zwar: »Man kann Shakespeare die absonderlichen Verirrungen verzeihen, denn die Geburtsstunde der Künste ist nie die Zeit ihrer Reife. Aber nun, siehe da, tritt noch ein Götz von Berlichingen auf die Bühne, die abscheuliche Nachahmung dieser schlechten englischen Stücke, und das Parterre klatscht und verlangt mit Enthusiasmus die Wiederholung dieser niedrigen Plattheiten.«

Gegenschriften – die wichtigste verfaßt Justus Möser schon 1781 – haben bei solchem Wissensstand und solchen Urteilen natürlich leichtes Spiel, ebenso wie die ironischen Reime des Mathematikers und Dichters Abraham Gotthelf Kästner:

Dem Könige, dem großen Geist,
den alle Welt aus einem Munde preist,
den alle Völker wohl zum König haben
    wollten,
dem alle Könige nachahmen sollten,
der Held ist, Philosoph und Dichter und
    zugleich
der beste Mensch in seinem Reich,
der alles Lob verdient, das man nur geben
    kann,
auf den fing ich ein Loblied an:

»Monarch!« sang ich – und weiter nicht,
er liest ja doch kein deutsch Gedicht.

Ein Gesichtspunkt in Friedrichs Kritik sollte allerdings beachtet werden, weil er sich im Rückblick als beinahe zeitlos gültig erweist, das Urteil nämlich über den gespreizten Stil deutscher Gelehrsamkeit und die drohende Verflachung durch Tiefsinn: »Klarheit ist die erste Regel für alle, die reden und schreiben wollen, da sie ja ihre Gedanken veranschaulichen, ihre Ideen durch Worte ausdrücken müssen. Was helfen die richtigsten, stärksten, glänzendsten Gedanken, wenn man sich nicht verständlich machen kann? Viele unserer Schriftsteller gefallen sich in weitschweifigem Stil. Sie häufen Einschaltung auf Einschaltung, und oft findet man das Zeitwort, von dem der Sinn des ganzen Satzes abhängt, erst am Ende der Seite. Nichts verdunkelt den Satzbau mehr. Sie sind weitläufig, wo sie reich sein sollten. Das Rätsel der Sphinx läßt sich leichter erraten als ihre Gedanken.«

Den alten Mann interessiert indessen das Urteil seiner Mitwelt schon kaum noch; von der Eitelkeit und der Ruhmbegierde seiner Jugend ist ihm nichts geblieben. Sein Geiz duldet keinerlei Aufwand; die Uniform, die er trägt, ist längst bis zur Schäbigkeit verschlissen. Dem Toten muß dann ein Diener sein Hemd leihen, weil ein heiles in den königlichen Schränken nicht zu finden ist.

Man möchte von Bescheidenheit sprechen; nur mischt sich mehr und mehr etwas wie Selbstverachtung ein. Aber unbeirrbar bleibt der alte Mann bei seiner Arbeit. Sie beginnt, weil er nicht schlafen kann, immer früher, schließlich schon um vier statt um sechs Uhr. Der König bittet seine Kabinettssekretäre um Verzeihung und um ein wenig Geduld, es werde nicht mehr lange dauern. Aus dem letzten Lebensjahr berichtet ein Augenzeuge von einer Alltagsszene, von einem Ritt durch Berlin:

»Das ganze Rondell und die Wilhelmstraße waren gedrückt voll Menschen, alle Fenster voll, alle Häupter entblößt, überall das tiefste Schweigen, und auf allen Gesichtern ein Ausdruck von Ehrfurcht und Vertrauen, wie zu dem gerechten Lenker aller Schicksale. Der König ritt ganz allein vorn und grüßte, indem er fortwährend den Hut abnahm. Er hat ihn vom Hallischen Tor bis zur Kochstraße gewiß zweihundertmal abgenommen.

Durch dieses ehrfurchtvolle Schweigen tönte nur der Hufschlag der Pferde und das Geschrei der Berlinischen Gassenjungen, die vor ihm hertanzten, jauchzten, die Hüte in die Luft warfen oder neben ihm hersprangen und ihm den Staub von den Stiefeln abwischten.

Er lenkte in den Hof hinein, die Flügeltüren gingen auf, und die alte, lahme Prinzessin Amalie, auf zwei Damen gestützt, die Oberhofmeisterin hinter ihr, wankte die flachen Stiegen hinab ihm entgegen. Sowie er sie gewahr wurde, setzte er sich in Galopp, hielt, sprang rasch vom Pferde, zog den Hut, umarmte sie, bot ihr den Arm und führte sie die Treppe wieder hinauf. Die Flügeltüren gingen zu, alles war verschwunden, und noch stand die Menge entblößten Hauptes, schweigend, alle Augen auf den Fleck gerichtet, wo er verschwunden war, und es dauerte eine Weile, bis jeder sich sammelte und ruhig seines Weges ging.

Und doch war nichts geschehen, keine Pracht, kein Feuerwerk, keine Kanonenschüsse, keine Trommeln und Pfeifen, keine Musik, kein vorangegangenes Ereignis! Nein, nur ein dreiundsiebzigjähriger Mann, schlecht gekleidet, staubbedeckt, kehrte von seinem mühsamen Tagewerk zurück. Aber jedermann wußte, daß dieser Alte auch für ihn arbeitete, daß er sein ganzes Leben an diese Arbeit gesetzt und sie seit fünfundvierzig Jahren noch nicht einen Tag versäumt hatte! Jedermann sah auch die Früchte seiner Arbeiten, nah und fern, rund um sich her, und wenn man auf ihn blickte, so regten sich Ehrfurcht, Bewunderung, Stolz, Vertrauen, kurz, alle edleren Gefühle des Menschen.«

Friedrich selbst freilich hängt so etwas entschieden niedriger; die bewundernd zusammenströmende Menge nennt er in gewohnter Verachtung kurzweg »Kanaille«, und einem lästigen Lobredner schneidet er die Hymne drastisch ab: »Setze

Er einen alten Affen aufs Pferd und lasse Er ihn durch die Straßen reiten, so wird das Volk ebenso zusammenlaufen.«

Die letzten Monate sind angefüllt von Schmerzen und Atemnot. Die alten Leiden verschlimmern sich: Gicht, Koliken, eiternde Hämorrhoiden und vor allem die Wassersucht. Die Beine schwellen immer mehr an; ein Ausruhen ist bald gar nicht mehr im Liegen, sondern nur noch im Sitzen möglich. Graf Mirabeau notiert nach einem Besuch: »Es ist unmöglich, sich einen frischeren Kopf, eine liebenswürdigere Haltung zu denken, aber ich bin ihrer nicht froh geworden. Die ungemeine Mühe, die ihm das Atmen machte, hat mich mehr beengt als ihn. Es ist ein sehr rührendes Schauspiel, einen großen Mann im Zustand des Leidens zu sehen. Nichts hat mich so ergriffen, als dieser Mann, der so hoch steht über dem Rang, in den das Schicksal ihn gestellt, nachdem es ihn eigens dafür geschaffen, ihn auszufüllen.«

Kurz vor dem Ende wird aus Hannover der berühmte Doktor Zimmermann geholt. Aber der Arzt kann nicht mehr helfen, zumal sein Patient sich nicht an die Diätvorschriften hält. Ein Aufbäumen noch: langer Galopp auf dem vertrauten und nun auch schon alten Schimmel Condé, dann Erschöpfung und Zusammenbruch. Und der König sendet den Arzt mit der Bemerkung zurück nach Hannover, daß seine Kranken dort ihn gewiß nötiger brauchen.

Zimmermann berichtet vom Abschied: »Nun nahm der König seinen Hut mit unbeschreiblicher Würde, Huld und Freundlichkeit ab, neigte sein Haupt und sprach: ›Adieu, mein guter, mein lieber Herr Zimmermann. Vergessen Sie den guten alten Mann nicht, den Sie hier gesehen haben!‹«

In der Nacht zum 17. August des Jahres 1786 stirbt Friedrich der Große, einsam, in den Armen eines Kammerhusaren.

Totenmaske Friedrichs des Großen, abgenommen von Johannes Eckstein. Potsdam, Staatliche Schlösser und Gärten Potsdam-Sanssouci

Fünftes Kapitel
Friedrichs Erbe

Als der Tag verdämmert, an dem Friedrich gestorben ist, berichtet Mirabeau einem Abbé in Frankreich, der später als Talleyrand bekannt werden wird: »Es herrscht Totenstille, aber keine Trauer; man zeigt sich benommen ohne Kummer. Man sieht in kein Gesicht, das nicht den Ausdruck von Erleichterung, von Hoffnung trüge. Kein Bedauern wird laut, man hört keinen Seufzer, kein lobendes Wort. Ist das das Ergebnis so vieler gewonnener Schlachten, so großen Ruhms? Ist das der Ausgang einer fast ein halbes Jahrhundert dauernden Regierung, die so reich war an großen Taten? Alle Welt wünschte ihr Ende herbei, alle Welt beglückwünscht sich dazu.«

Man kann es verstehen. Wer wirklich betrauert werden will, muß jung sterben. Immer und überall tragen die Söhne schwer an der Last ihrer lange überlebenden Väter; sie müssen sie abwerfen, wenn sie zu sich selber finden wollen. Erst wenn ein Menschenalter vergangen ist, nach dreißig, vierzig Jahren, werden die Enkel, im Kampf wiederum um das eigene Recht, die Väter der Väter als Zeugen beschwören.

Hier allerdings kommt noch etwas hinzu, das

Entscheidende: Mit Friedrich stirbt nicht nur ein großer König, sondern ein Zeitalter. Neues liegt in der Luft. Drei Jahre bloß noch bis 1789, bis zum Jubelsturm und bald auch zum Schrecken der großen Revolution! Mirabeau übrigens wird zu ihren Verkündern gehören – und mit seinem frühen Tod die Rätselfrage hinterlassen, ob ihr nicht ein anderer Ausgang hätte beschieden sein können.

Friedrich hat natürlich keine Vorstellung von dem Neuen gehabt, das sich vorbereitet, wohl aber eine Ahnung vom Ende des Alten. Dem eigenen Lebenswerk hat er jedenfalls wenig Standfestigkeit zugetraut: »Wenn nach meinem Tode mein Herr Neffe in seiner Schlaffheit einschlummert, sorglos in den Tag hineinlebt, wenn er in seiner Verschwendungssucht das Staatsvermögen verschleudert und nicht alle Fähigkeiten seiner Seele neu aufleben läßt, so wird Herr Joseph (der Kaiser) ihn über den Löffel barbieren, und in dreißig Jahren wird von Preußen und vom Hause Brandenburg keine Rede mehr sein.« Aber nichts von der wilden Angst Friedrich Wilhelms I. um den Erben springt damit auf, nichts von der brutalen Energie, ihn zum »würdigen Successor« zu formen. Sozusagen mit gelassenem Pessimismus blickt Friedrich auf den Schleier der Zukunft, so, als sei doch nichts mehr zu tun, wenn er zerreißt.

Was der Nachfolger versucht, bleibt Stückwerk. Das verhaßte, die Wirtschaftsentwicklung behindernde Steuersystem der »Regie« wird aufgehoben; im Bereich der Staats- und Heeresorganisation gibt es halbherzige Reformversuche. Ihre Wirkungen hat Hermann von Boyen, der spätere Feldmarschall und »Vater der Landwehr«, im Rückblick beschrieben: »Jede Verfügung Friedrich Wilhelms II. trug den unverkennbaren Stempel des Wohlwollens, war von dem Bestreben begleitet, einzelne Härten in dem Regierungssystem des Oheims auszugleichen; und doch wollte jenes seiner Quelle nach edle Streben zu keinem glücklichen Resultate führen. So wurden zum Beispiel in dem Heere viele in der Tat, einzeln betrachtet, sehr wohltätige und nützliche Einrichtungen geschaffen. Für den invaliden Offizier und Soldaten ward regelmäßiger als früher gesorgt, die Behandlung wurde milder, die Bekleidung besser, Formation und Taktik bereicherten sich durch neue Erfahrungen, die Friedrichs Greisenalter unbenutzt gelassen hatte. Aber der Ernst, mit dem der Dienst bisher betrieben wurde, schlief ein, die Furcht vor Verantwortlichkeit bei verletzter Dienstpflicht verminderte sich erst bei den Vorgesetzten, dann auch bei den Untergebenen, und das Gebäude, das die mächtige und geschickte Hand des großen Königs zu schaffen und glänzend zu erhalten verstanden hatte, fing sich allmählich aufzulösen an.«

Man darf indessen nicht zu hart urteilen und Personen zurechnen, was in der Situation begründet lag. Durchgreifende Reformen hätten an die Fundamente gehen müssen und einer beinahe übermenschlichen Kraft bedurft. Wie sollte man gegen die Beglaubigung des Bestehenden durch den Ruhm Friedrichs ankommen, gegen eine Beglaubigung, auf die natürlich alle Kräfte der Beharrung sich beriefen? Man hätte die Ständeprivilegien und die Leibeigenschaft beseitigen müssen, also genau die sozialen Bedingungen, auf denen der alte Staat im Bündnis von Thron und Adel beruhte.

Die Dinge ändern sich erst seit der napoleonischen Feuerprobe. Der schweren Niederlage des noch immer friderizianisch geprägten Heeres bei Jena und Auerstedt am 14. Oktober 1806 folgt – was womöglich noch schwerer wiegt – ein jämmerlicher Zusammenbruch, eine Serie von mutlosen Kapitulationen. Standhafte Verteidigung, wie in Kolberg durch Gneisenau und Nettelbeck oder in Graudenz durch Courbière, bleibt die Ausnahme. Damit wird nach dem Frieden von Tilsit im Sommer 1807 der Weg frei für entschiedene Reformen.

Es ist für ihre schwungvolle Anfangsphase bedeutsam, daß sie vom ostpreußischen Königsberg aus in Angriff genommen werden. Denn dort, wo Friedrich sich schon immer fremd gefühlt hatte und seit dem Siebenjährigen Krieg nie mehr gewesen war, herrscht Liberalität. Die Beamten, die an den Reformentwürfen arbeiten, haben Kants

Verständnis von Aufklärung ebenso in sich aufgenommen wie die Freihandelslehre von Adam
Smith. Mit der Hellsicht des Feindes sagt der
konservative General Yorck von dem ihm ver-
haßten Freiherrn vom Stein: »Der Mann ist zu
unserm Unglück in England gewesen und hat von
dort seine Staatsweisheit hergeholt; und nun sollen die in Jahrhunderten begründeten Institutionen des auf Handel, Seemacht und Fabrikwesen
beruhenden Großbritanniens unserm armen,
ackerbautreibenden Preußen angewöhnt werden.« Worauf es Stein und seinen Mitarbeitern
aber ankommt, ist, wie sie es ausdrücken, die
Überwindung des »Maschinenstaates«, der »see-
lenlos« nur auf Befehl und Gehorsam beruht und
von einem einzigen Punkt aus, vom Herrscher
her, in Gang gebracht und gelenkt wird. Gleich
ob Beamter, Handwerker, Kaufmann oder Bauer,
ob Offizier oder einfacher Soldat, jeder soll
selbstbewußt und selbstverantwortlich handeln;
er soll als Staatsbürger und Patriot dem Gemeinwesen die Energien zuführen, die zu seiner Behauptung in dem neuen Zeitalter notwendig sind.
Zu den praktischen Maßnahmen gehören die
Städtereform und die Heeresreform, die Durchsetzung der Gewerbefreiheit, die Judenemanzipation und nicht zuletzt die Bauernbefreiung.
Schon am 9. Oktober 1807, kaum ein Jahr nach
der Katastrophe von Jena und Auerstedt, auf den
Tag genau drei Monate nach dem Frieden von

Tilsit, ergeht das Edikt, in dem es heißt: »Mit dem Martinitag eintausendachthundertzehn hört alle Gutsuntertänigkeit in unseren sämtlichen Staaten auf. Nach dem Martinitag 1810 gibt es nur noch freie Leute.«

Ein edles, ein großes Wort. Für die Entflechtung von Bauernland und Gutsland folgt freilich ein mühsamer bürokratischer Alltag, und später, im Zeichen der Restauration, verhärten sich die Bedingungen. »Lieber noch drei verlorene Auerstedter Schlachten als ein Oktoberedikt.« Diesem von schlesischen Gutsbesitzern überlieferten Satz werden gewiß auch viele der märkischen oder pommerschen Herren heimlich zugestimmt haben. Der Widerstand macht die Fronten deutlich. Wogegen die Reformer antreten, das ist nicht mehr und nicht weniger als das friderizianische Erbe – und allen Beteiligten bleibt dies bewußt. Niemand allerdings hat es so schneidend ausgesprochen wie Ernst Moritz Arndt, dem man vieles vorwerfen kann, nur nicht den Mangel an Freiheitsliebe und leidenschaftlichem Nationalempfinden. Arndt fühlt sich dem Freiherrn vom Stein eng verbunden und arbeitet zeitweise als sein Privatsekretär. Er schreibt: »Welch ein Staat, welch ein Regent! schrie man überlaut. Alles Weisheit, Gerechtigkeit, lebendige Beweglichkeit. Und doch alles nur Maschine! Ja, Maschine! ... Aus dem Toten wird nur Totes geboren, und hohl und gespenstisch mit dem Abscheu der Zukunft wird das Kunstgerüst zusammenbrechen... Milde Schonung des Menschengeschlechts, zarte Behandlung des Nationalsinns sucht der menschliche Forscher in den herkulischen Arbeiten des großen Königs vergebens. Der strengste Eigensinn, der wildeste Despotismus, das erbarmungsloseste Zertreten der zarten Keime der menschlichen Gefühle ist allenthalben... Der Ruhm seines Namens, der auf alle zurückfiel, ließ vergessen, daß man in einem angespannten, knechtischen und atemlosen Zustande war... Friedrichs Größe hat Deutschland klein gemacht.«

Man mag das als blinden Haß abtun; die Männer der Reform, die die praktische Arbeit zu leisten haben, hüten sich, durch solche Ausbrüche ihren Gegnern Vorwände zu liefern. Doch in der Sache kämpfen sie genau an der Front, die Arndt bezeichnet. Man überdenke, was in dem Edikt zur Heeresreform liegt, dem Scharnhorst die Feder führt: »Einen Anspruch auf Offiziersstellen sollen von nun an in Friedenszeiten nur Kenntnisse und Bildung gewähren, in Kriegszeiten ausgezeichnete Tapferkeit und Überblick. Aus der ganzen Nation können daher alle Individuen, die diese Eigenschaften besitzen, auf die höchsten Ehrenstellen im Militär Anspruch machen. Aller bisher stattgehabter Vorzug des Standes hört beim Militär ganz auf, und jeder ohne Rücksicht auf seine Herkunft hat gleiche Pflichten und gleiche Rechte.« Das ist Wort um Wort ein Widerruf des friderizianischen Standes- und Staatsprinzips. Entsprechend wird für den gemeinen Mann die »Freiheit des Rückens« proklamiert; nicht die Furcht vor Prügeln, sondern Patriotismus soll den Soldaten bei der Fahne halten.

Aus Untertanen mündige Bürger zu machen, ist freilich leichter gesagt als getan. Das zeigt ein anderes Beispiel: Steins Städtereform. Sie ist immer wieder und mit Recht gepriesen worden; die städtische Selbstverwaltung entwickelt sich sozusagen zur Schulstube der Demokratie, lange bevor an eine Demokratisierung des Gesamtstaates auch nur zu denken ist. Wie sehr aber der »Maschinenstaat« alle Selbständigkeit erstickt hatte und wie es zum Zeitpunkt der Reform in den preußischen Städten aussah, schildert Gerhard Ritter: »Die Städteordnung von 1808 ist ausschließlich der Initiative des höheren Beamtentums entsprungen, und ihre Einführung stieß überall im Lande auf Verwunderung, Kopfschütteln, Bedenken und Beschwerden der verschiedensten Art – so gut wie nirgends auf freudige Zustimmung. Bürgerliches Selbstbewußtsein gab es – außerhalb des Beamtentums – nur im Bereich der Literatur, der Wissenschaft, Dichtung, Tagesschriftstellerei ... Unzweifelhaft ist also durch die Reformtat Steins ein mächtiger Anstoß zur Belebung städtischer Selbstverwaltung in das ganze deutsche Staatsleben gekommen. Ihre Kühnheit wird erst dann recht sichtbar, wenn man sich im

einzelnen anschaulich macht, wie völlig überrascht und hilflos das Bürgertum der ostelbischen
Kleinstädte, aber auch der wenigen großen Resi-
denzen und Handelsstädte, der neu geschenkten,
nicht erkämpften, ja nicht einmal erbetenen Freiheit gegenüberstand.«

In seiner Nassauer Denkschrift von 1807 bezeichnet Stein es als das Ziel aller Reformen, le-
bendigen Geist an die Stelle von »Formenkram
und Dienst-Mechanism« zu setzen. Aber bereits
Jahre zuvor, schon 1790 spricht er mit Abscheu
von der »Schreiberkaste«, dieser verwünschten
»Rasse von Lohnschreibern« mit großen Ansprüchen und geringer Leistung. Es ist für Stein »eine
der Folgen der despotischen Verfassung, diese
Menschenklasse zu vervielfachen, weil die despo-
tische Gewalt die Zahl ihrer Handlanger vermeh-
ren muß, wenn sie sich aller Gewalten bemäch-
tigt, – während eine Nation, die reif ist für die
Freiheit, bei sich den größten Teil der Geschäfte
durch die Leute in freiwilliger Zusammenarbeit
erledigen läßt, die an einer Sache interessiert sind«.

Unwillkürlich fragt man sich, was Stein wohl
von den Kommunal- und Gebietsreformen unserer Tage gehalten hätte, die um der angeblichen
»Effizienz«, der besseren bürokratischen Lenk-
barkeit willen Tausende von Organen einer bür-
gernahen Selbstverwaltung hinwegrafften.

Das Werk der Reformer bewährt sich in den
Befreiungskriegen. Als dann Napoleon besiegt

und verbannt ist, ordnet der Wiener Kongreß Europa neu. Oder vielmehr: Er verkündet und unternimmt sogar, soweit irgend möglich, eine Wiederherstellung des Alten, die Restauration angestammter Herrschaft. Wie ein böser Spuk erscheint den Fürsten und vielen Staatsmännern das Vierteljahrhundert der Erschütterungen, Kriege und Umwälzungen, das seit der Revolution vergangen ist. Der Spuk soll jetzt mit allen nur denkbaren Mitteln gebannt werden. Damit ändern sich viele Vorzeichen, ganz besonders in Preußen. Die Reformer werden an den Rand gedrängt, als »Jakobiner« verdächtigt und schließlich ausgeschaltet.

Auch eine Neubewertung des Erbes scheint damit geboten. Zunächst allerdings nähert man sich ihm eher zaghaft und zwiespältig. Zwar wirkt der Abglanz von Friedrichs Herrschaft als Rechtfertigung für ein Königtum, das sich dem eigenen Verfassungsversprechen auf politische Mitbestimmung des Volkes entzieht. Aber dieser unberechenbare Monarch, der Österreich zum Duell herausforderte, paßt kaum noch ins Selbstverständnis eines Staates, der sich vorsichtig und defensiv, ja beinahe verzagt in die Heilige Allianz einschmiegt und Metternichs Führung anvertraut. Erst recht paßt der Aufklärer und Skeptiker nicht ins Bild. Denn Preußen wird jetzt fromm; da es sich nicht als Nationalstaat rechtfertigen kann, sucht es nach Legitimierung im Christentum. Von Gottes Gnaden allein soll rechtmäßige Herrschaft sein. So kann man bis zur Mitte des 19. Jahrhunderts von einer Friedrich-Renaissance nur unter Vorbehalten sprechen.

Ein wichtiger Anstoß zu dem Umschwung kommt, seltsam genug, von außen, von dem schottischen Schriftsteller Thomas Carlyle. Im Jahre 1841 veröffentlicht er sein Buch ›On Heroes, Hero-Worship, and the Heroic in History‹, rasch ins Deutsche übertragen unter dem Titel ›Über Helden und Heldenverehrung‹. Es handelt sich um eine Art von Programmschrift zum Thema »Männer machen die Geschichte« – sei es als Religionsstifter, als Dichter oder als Könige. Es folgt zwischen 1858 und 1865 – in sechs Bänden – eine exemplarische Darstellung des Helden: Friedrichs des Großen. Im Zeichen einer neu entdeckten »Realpolitik« erscheint dieses Epos genau zur rechten Zeit: Ist Bismarck nicht der wahre Erbe Friedrichs, wenn er nach dem erneuerten und abschließenden Duell mit Österreich von Preußen her triumphal den deutschen Nationalstaat begründet?

Von nun an gibt es kein Halten mehr. Die Historiker, Schriftsteller, Reimeschmiede und Schulbuchschreiber, die Popularisierer aller Art, die Maler natürlich, die Illustratoren und die Bildhauer gehen ans Werk; der Kitsch treibt Blüte um Blüte. Friedrich wird zum Helden schlechthin. Und er wird, oft im gleichen Atem, als der alte Fritz gemütlich gemacht. Man könnte das alles lange durchmustern, kopfschüttelnd: Hat Friedrich so etwas verdient?

Nein, gewiß nicht. Darum sei hier beiseite gelassen, was heute ohnehin kaum mehr interessiert. Nur um Anschauung zu vermitteln von dem, was Generationen bewegt und begeistert hat, sollen zwei Gedichte zitiert werden. Das erste, von Hugo von Blomberg, heißt ›Ein Königswort‹:

Sie stiegen die Terrassen
empor nach Sanssouci,
sie suchten sich zu fassen
und wußten doch nicht wie!
Zu eng dem vollen Herzen
war eines jeden Brust:
doch war es nicht vor Schmerzen,
es war vor Dank und Lust.

Jüngst hatten Feuersflammen
ihr Städtlein ausgeraubt,
und alle Not zusammen
schlug um ihr armes Haupt!
Er hatt' es bald vernommen –
was wüßt er nicht im Land!
Und Hilfe war gekommen
von seiner milden Hand.

Gewichen war das Übel,
wie Nacht vor Sonnenglanz;
im Städtchen jeder Giebel
stand schmuck mit seinem Kranz!
Sie kamen reich beladen
mit Dank und Gotteslohn:
das nenn' ich Ambassaden
zu einem Königsthron!

Es führt zum alten König
sie ein der Leibhusar;
sie neigen untertänig
ihr Haupt und Herz fürwahr:
»Staub, der wir sind, wir mögen
nur danken mit Gebet!
Gott schütte seinen Segen
auf Eure Majestät!«

Da stand er mit der Krücke,
so hager und gebückt;
was hat in seinem Blicke
so demanthell gezückt?
Er sprach – es klang wie Zanken –
das kurze Wort beinah:
»Ihr habt mir nicht zu danken,
denn davor bin ich da!«

Das zweite Gedicht, ›Gesandtenbericht‹, stammt
von Alice von Gaudy:

»... Auch unterbreite ich ehrfürchtigst
    Eurer Majestät,
daß es mit solcher Sparsamkeit nicht weiter
    geht.
Die Gelder zur Repräsentation –
gehorsamst zu melden – sind allzu knapp.
Erhalte ich keine Subvention,
ich schaffe – gehorsamst – die Pferde ab,
ingleichen die Equipage.
Soll man am Londoner Hofe sehn
Preußens Gesandten zu Fuße gehn,
wegen – submissest – zu pauvrer Gage? ...«
Der König liest es und lächelt fein.
Dann taucht er den spitzen Gänsekiel ein,
und schreibt an den Rand des
    Gesandtenberichts:
»Subvention – jetzt und künftig – nichts.
Er möge sans gêne zu Fuße spazieren
und Leuten, die Ihn gering estimieren,
deute Er submissest an,
daß hinter ihm dreihunderttausend Mann,
volle dreihunderttausend – marschieren!«

Es mag als kleinliches Kritteln erscheinen, wenn
man feststellt, daß damit die Heeresstärke, an die
Friedrichs Armee in Frieden und Krieg je heran-
reichte, um mehr als einhunderttausend Mann
übertrieben wird. Aber in der Kleinigkeit verbirgt sich eine Hauptsache, etwas Sonderbares –
nein, Brandgefährliches, Fatales, das stärker und

stärker sich vordrängt, das Imponiergehabe, die Illusion: Uns kann keiner. Im 20. Jahrhundert wird der Friedrich-Mythos dem Wahn der Weltkriege dienstbar gemacht, man könne, wie Friedrich sein Preußen zur Großmacht, so jetzt Deutschland zur Weltmacht emporkämpfen; der Wahn auch, man könne gegen die große Koalition von Ost und West, gegen jede Übermacht, gegen eine Welt von Feinden bestehen – den Willen zum Durchhalten, die Pflichterfüllung bis zum Äußersten, den genialen Führer und Feldherrn vorausgesetzt. Und ein Wunder werde die Rettung bringen. 1945, in den gespenstischen letzten Bunkerwochen unter der Reichskanzlei, liest Dr. Goebbels seinem Führer aus Carlyles ›Friedrich‹ vor, und triumphierend meldet er den Tod Roosevelts als den Tod der Zarin.

Aber hatte, was da ans Ende kam, nicht Jahre zuvor begonnen? Wie war das, als die braunen Machtergreifer im preußischen Erbe sich einnisteten, als sei es das ihre? Der »Tag von Potsdam« am 21. März 1933 – in der Garnisonskirche, vor den Sarkophagen des Soldatenkönigs und Friedrichs des Großen, unter dem Glockenspiel »Üb' immer Treu' und Redlichkeit« – mochte Schmierentheater sein; als wirkungsvolle Inszenierung erwies er sich dennoch. Postkarten erschienen, auf denen unter den Bildern Friedrichs, Bismarcks, Hindenburgs und Hitlers zu lesen stand: »Was der König eroberte, der Fürst formte, der

Feldmarschall verteidigte, rettete und einigte der Soldat.« Und Gereimtes wurde verbreitet, wieder einmal:

Du bist nicht gestorben, König Fritz.
Du lebst! Und Dein Blick hat uns alle
    durchglüht,
Und all das Große, das jetzt geschieht.
Du gibst unserem Führer den Krückstock
    zur Hand:
»Da, mach Er mir Ordnung im Preußenland.
Er kann's! Von allen nur Er allein.
Er soll meines Willens Vollstrecker sein!«

Was bleibt von Friedrichs Erbe wirklich? Zunächst einmal die mühsame Arbeit, dieses Erbe zu befreien vom zäh wuchernden Gestrüpp falscher Besitzansprüche. Friedrich ist nicht unser als der Vorkämpfer deutscher Herrlichkeit und Einheit, und er ist nicht unser Feind als der Zerstörer des Reiches und Verräter am deutschen Wesen. Die borussische Hymne, die vom friderizianischen Preußen her Deutschland missionieren und den Nationalstaat wie in einem Heilsplan der Geschichte angelegt sehen möchte, geht ebenso fehl, sie bleibt so unhistorisch wie die Kritik, die – von Ernst Moritz Arndt über Werner Hegemann bis Rudolf Augstein – den Verderber des Nationalgeistes anklagt. In all diesem Verherrlichen oder Verdammen ist kein Fortkommen; wir werden

Friedrichs Lebenswerk erst verstehen und es uns aneignen können, wenn wir es als fremd und fern, als einmalig und unwiederholbar begreifen.

Das gilt vorab für die Institution, die Friedrich auf eine so glanzvolle Höhe geführt hat: für das Königtum. Im »preußischen Modell« des 18. Jahrhunderts wird es ganz und gar auf die Leistung der Herrscherpersönlichkeit gestellt, die der Vater und der Sohn, Friedrich Wilhelm I. und Friedrich II., je auf ihre Weise verkörpern. Darin liegt beschlossen, daß Preußen unter unsäglichen Opfern und gegen alle Wahrscheinlichkeit der Durchbruch zur europäischen Großmacht gelang. Aber darin liegt auch schon ein Abbruch, ein Ende beschlossen. Denn Kontinuität kann immer nur durch Institutionen, nie durch Personen garantiert werden; überragende Leistungsfähigkeit läßt sich nicht vererben. Spitzt sich alles auf sie zu, so wird der Monarchie, die doch auf dem Erbprinzip beruht, die Rechtfertigung entzogen. Ein König als der oft zitierte und stets gerühmte »erste Diener« seines Staates lädt geradezu ein zu der Frage nach anderem, möglicherweise leistungsfähigerem Dienstpersonal. Und er lädt ein zur weiteren, konsequent sich anschließenden Frage: Warum, wenn man die Leistung zum Maßstab nimmt, soll das Dienstpersonal eigentlich unkündbar bleiben? Warum sollte es nicht auf Zeit und auf Widerruf angestellt werden?

Die Bedeutung des Vorgangs wird sichtbar im Vergleich, in weltgeschichtlicher Perspektive. Das Königtum stellt eine uralte, in vielen Spielarten und Benennungen menschheitlich verbreitete, fast möchte man meinen: die natürliche Einrichtung dar. In Lebensordnungen, die nicht auf den Wandel, sondern auf das Bewahren angelegt sind, in der die Individuen, die Gruppen und die Völker sich aus ihrer Herkunft und nicht von der Zukunft her begreifen, verkörpert die Erbherrschaft das Überdauern, auf das die Verhältnisse und die Vorstellungen eingerichtet sind. Zugleich stellt diese Erbherrschaft ein Mittel dar, Konflikte zu vermeiden oder doch auf ein Mindestmaß zu beschränken. Über Entscheidungen, die stets schon vorweg von Gott oder der Natur getroffen worden sind, muß man nicht erst mit Menschengewalt streiten. Auf das Da-Sein des Erben kommt es an, nicht auf die einmalige, nie im voraus zu berechnende Leistung. Die mag, wenn nötig, ein Hausmeier, Kanzler oder Feldherr übernehmen.

Natürlich ist nichts vollkommen, was von dieser Welt ist. Es gibt den mörderischen Bruderzwist, den Kampf ums Erbe, wenn eine Herrscherlinie ausstirbt, die Eroberung von außen – oder von innen, durch den übermächtig gewordenen Gefolgsmann. Keine menschliche Einrichtung wehrt alle Gefahren ab, und nichts hat für immer Bestand. Aber die einmal gesetzte Norm erweist sich dennoch als mächtig, oft über die Jahrhunderte hin und über den Wechsel einzelner Herrscherfamilien hinweg.

Zu dieser Macht des Überdauerns trägt wesentlich die Sakralisierung bei, der behauptete und geglaubte göttliche Ursprung des Königtums oder jedenfalls seine Einsetzung »von Gottes Gnaden«. Die Heiligung stellt sich anschaulich dar im Ritual. Es mag mitunter die Person des Herrschers so dicht umstellen, ja sie derart zuwuchern, daß für ein rationelles Handeln, wie es in moderner europäischer Perspektive als das eigentlich politische erscheint, kaum mehr Raum bleibt. Man denke ans chinesische Kaisertum, an die Figur des Tenno in Japan und an andere asiatische Kulturen. Der Herrscher nimmt sich aus wie eine Marionette an den Fäden des Rituals; an seinen »richtigen« Bewegungen – und denen seiner Umgebung – hängt das Heil. Aber diese Stärke oder Starrheit des Rituals hat Kontinuität ermöglicht. Über Jahrhunderte, manchmal sogar über Jahrtausende hin hat sie die Kraft zum Überdauern geschaffen. Die Katastrophe tritt erst ein, wenn das ritualisierte Handeln mit den rationell einzig auf Machterwerb und aufs Beutemachen zielenden europäischen Welteroberern zusammenstößt, wie die Indianerreiche der Azteken und der Inkas in Mexiko und Peru mit den Spaniern. Sieht man hiervon einmal ab, so gilt jedoch, sogar in Europa: Solange die Kraft des Religiösen lebensbestimmend bleibt, bildet die Heiligung des Herrschers im Ritual einen Schutzmantel, einen starken Sperriegel gegen den Thronräuber, der nichts als seinen Kampfesmut oder seine Verschlagenheit, um nicht zu sagen seine kriminelle Energie in die Waagschale werfen kann. Macbeth ist eigentlich schon im voraus zum Scheitern verurteilt.

Insgesamt und im Regelfall erweisen sich Königtum und Heldentum als wesenhaft verschiedene Größen, wie noch die Sage und das Märchen uns anzeigen: Der jugendliche Held, sei er vornehmer oder geringer Herkunft, mag durch Kraft, Tapferkeit, Klugheit Herz und Hand der Königstochter gewinnen. Mit der Hochzeit jedoch, also mit dem Übertritt in die königliche Erbfolge, endet die Geschichte seiner Abenteuer. Nichts bleibt mehr zu berichten, als daß der König und die Königin glücklich bis zum Ende ihrer Tage gelebt haben. Wo dagegen der König und der Held sich in einer Person vereinigen – sei es in den Gesängen Homers, sei es in der realen Geschichte bei dem Welteneroberer Alexander –, da kündigt sich ein Zeitalter der Verwirrungen und des Umsturzes, der Diadochenkämpfe, ein Ende aller Sicherheit an.

Wie bedeutsam das Erbprinzip ist, zeigt der europäische Vergleich. Da es sich im mittelalterlichen Kaisertum des Heiligen Römischen Reiches nie voll durchsetzt, vielmehr an die Wahl der

Kurfürsten gebunden wird, verzehren sich die einzelnen Kaiser in einem niemals endenden Kampf um die Macht, indessen das Reich zunehmend zerfällt. Wie anders das französische Königtum! Trotz langer Perioden der Ohnmacht und der feudalen Zersplitterung gelingt ihm dennoch, in einem Prozeß über Jahrhunderte hin, die Durchsetzung des straffen Zentralstaates. Sie wird erreicht nicht trotz, sondern wegen der Heiligung im Erbprinzip. Wenn die französischen Könige bis zuletzt, bis zur Revolution, durch zeremonielles Handauflegen Kranke heilen, mag sich das von einem aufgeklärten – oder preußischen – Standpunkt her sonderbar genug ausnehmen; wie könnte man sich Friedrich den Großen bei derlei »Aberglauben« vorstellen? Aber das Sonderbare demonstriert, worauf in Wahrheit es ankommt.

Wenn allerdings nicht einmal das französische Königtum sich behaupten kann, weil ihm die Proklamation der Menschen- und Bürgerrechte, also eine der Aufklärung verpflichtete, rein innerweltliche Rechtfertigung der Herrschaft von den Beherrschten her den Boden entzieht, wie erst soll dann in Preußen eine Sakralisierung noch möglich sein? Sein Königtum kommt viel zu spät. Als der brandenburgische Kurfürst als Friedrich I. sich am 18. Januar 1701 in Königsberg selbst die neue Krone aufs Haupt setzt, demonstriert er damit die Einsetzung aus eigener, rein menschlicher Machtvollkommenheit. Die ehrwürdige Formel »von Gottes Gnaden« bleibt noch im besten Falle bloße Dekoration; im schlechteren verkommt sie zur hohlen Phrase. Die Erben Friedrichs I., der Sohn und der Enkel, tun daher das offenbar einzig noch Mögliche. Sie machen aus der Not ihrer Traditionslosigkeit die Tugend des modernen Leistungsprinzips. Und eben darin liegt ihre Bedeutung, ihre geschichtliche Größe.

Aber die große Leistung, bloß über zwei Generationen hinweg, ist schon unwahrscheinlich genug, und die Ausnahme als Norm erweist sich als ein hölzernes Eisen, als Widerspruch in sich. Nur um so eindringlicher stellt sich jedoch die Frage nach der Kontinuität und nach dem Erbe des Königtums.

Grundsätzlich gibt es eine Möglichkeit des Überdauerns durchaus, freilich unter der strikten Bedingung, daß das Königtum von der Macht Abschied nimmt. Das zeigt exemplarisch die englische Entwicklung. Alle Anläufe zum Absolutismus scheitern, und spätestens seit der »glorreichen Revolution« von 1688 ist vorgezeichnet, daß die politische Macht sich mehr und mehr zu einer anderen Institution hin verlagert: zum Parlament und zu dem von ihm getragenen Kabinett unter der Führung eines leitenden Ministers. Die Machtbefugnisse der Krone schwinden unaufhaltsam dahin, bis von ihnen einzig noch entleerte Hülsen übrig sind, jene alten Formen und Formeln, die um so leichter bewahrt werden können, je weniger sie realpolitisch bedeuten. Was für das Königtum bleibt, ist eine rein symbolische Funktion: die Repräsentation des Ursprungs, der Kontinuität und der Einheit über allen Konflikten.

Das ist nicht wenig und keinesfalls etwas Überflüssiges, mit dessen Beseitigung man Zeit und Geld sparen könnte. Die symbolische Funktion wird im Gegenteil um so wichtiger, je mehr die Parlamentsherrschaft sich durchsetzt und das Zeitalter der Demokratie sich ankündigt. Denn in diesem Zeitalter, in dem die Verhältnisse und Vorstellungen nicht mehr aufs Bewahren, sondern auf die Zukunft, auf Veränderungen angelegt sind, geht die Macht immer schneller von Hand zu Hand, von Gruppe zu Gruppe und von Mehrheit zu Mehrheit, je nach dem Wechsel der gesellschaftlichen Konstellationen und Kräfte, die sich zu Parteien organisieren und damit zum Konflikt gegeneinander antreten. Die Konflikte sind kein Übelstand, der beseitigt werden muß, sondern sie gehören als Lebenselement zur zukunftsoffenen Gesellschaft und zur Demokratie, weil sie vor der Verkrustung bewahren und den Wandel bewirken, ohne den es jetzt ein Überdauern nicht mehr gibt. Aber die Konflikte können friedlich und zivilisiert im Rahmen angemessener »Spielregeln« nur ausgetragen werden, wenn es zugleich eine übergeordnete Einheit gibt, etwas, das bleibt, das Vertrauen stiftet und das im gemeinsamen Ursprung angelegt ist. Eben diese Einheit, das Überdauern im Wandel und den gemeinsamen Ursprung macht die Monarchie sinnfällig, die damit gewissermaßen zum Widerlager des demokratischen Machtkampfes aufrückt. Im 19. Jahrhundert hat Walter Bagehot in seiner klassischen Studie ›The English Constitution‹ den Sachverhalt analysiert. Er unterscheidet zwischen Verfassungselementen und Institutionen, die er »dignified« und »efficient« nennt – ehrwürdig und leistungsbezogen; in freier Übersetzung könnte man von Institutionen des Vertrauens und der Macht sprechen. Noch angemessener wäre vielleicht die Unterscheidung zwischen Institutionen der Einheit und des Konflikts, denn damit würde in der Funktionentrennung das Zusammenspiel sichtbar.

Die Bedeutung symbolischer Institutionen zeigt sich drastisch im Krisenfalle. Um dies im Beispiel wenigstens anzudeuten: Kaum ein Niederländer, der die Jahre der deutschen Besetzung im Zweiten Weltkrieg miterlebt hat, vermag noch anzugeben, wer die Männer waren, die damals die niederländische Exilregierung in London bildeten. Verständlich genug: Eine Regierung, der kaum mehr etwas zum Regieren bleibt, wirkt nicht sehr eindrucksvoll. Aber jeder erinnert sich an die Königin im Exil und an ihre Rundfunkansprachen. Denn die Königin verkörperte das

Haus Oranien – und das Haus Oranien in der Erinnerung an den Ursprung der Nation eine Hoffnung aufs Überstehen und auf den Sieg im scheinbar aussichtslosen Kampf gegen Fremdherrschaft und Unterdrückung.

Im Normalfall des Friedens, im demokratischen Alltag mag es weit weniger dramatisch zugehen, aber ein gleichsam selbst zum Bestandteil des Alltäglichen geronnenes Stück Krise gehört angesichts reißender Veränderungen und im Blick auf eine unabsehbar offene Zukunft zur freiheitlichen Ordnung immer dazu. Es ist daher nicht paradox, sondern im Gegenteil folgerichtig, daß die Länder im Norden und Nordwesten Europas, denen die Funktionentrennung von Monarchie und Demokratie zeitgerecht gelungen ist, den langen Weg von vormodernen zu modernen Verhältnissen in der Regel mit weniger Erschütterungen oder gar politischen Katastrophen bewältigt haben als andere Länder.

Preußen und der von Preußen gegründete deutsche Nationalstaat sind dem englischen Beispiel nicht gefolgt. Man mag das bedauern, Spekulationen sind erlaubt. Hätte eine rechtzeitige Funktionentrennung, also ein Abschied von der Macht, der Monarchie das Überdauern ermöglicht, über den verlorenen Ersten Weltkrieg hinaus? Wäre uns Hitler dann erspart geblieben – und jenes »Heil!«-Gebrüll auf dem Wege ins Unheil, jener »Führer«-Kult, der nicht etwa die Beschränkung der Macht, sondern im Gegenteil eine totale Ermächtigung zu beliebigem Handeln demonstrierte? Vielleicht hätte es so sein können, vielleicht nicht; schlüssige Beweise in dem einen oder anderen Sinne vermag im nachhinein niemand zu liefern. Durchaus verständlich ist dagegen, warum Preußen dem englischen Beispiel nicht gefolgt ist – oder, mehr noch: warum es vermutlich nie eine wirkliche Chance gab, dies zu tun.

Wer auf ererbte Macht verzichten soll, der muß entweder gewaltsam vertrieben werden; dazu sind Gegenkräfte erforderlich, die in Preußen und im preußischen Deutschland bis zum Ende des Bismarckstaates nicht zum Zuge kamen. Oder der Verzicht muß als lohnend, zumindest als zumutbar erscheinen, weil er kompensiert wird. Die Repräsentation des nationalen Ursprungs und des Vertrauens in die Einheit über allen Konflikten mag, recht verstanden und mit der Aussicht auf Dauer verbunden, den Machtverzicht tatsächlich lohnen. Nur wird dabei still schweigend eine Traditionssubstanz schon vorausgesetzt, die überhaupt repräsentiert werden kann. Genau daran mangelt es dem preußischen Königtum – und später und erst recht dem Kaisertum des Bismarckreiches. Genau darum haben sich Preußens große Könige im 18. Jahrhundert für das Regieren statt fürs Repräsentieren entschieden. Diese Entscheidung, vom Erfolg beglaubigt und vom Ruhm Friedrichs überstrahlt, hat für die preußische und dann auch für die deutsche Zukunft Maßstäbe gesetzt.

Auf der Gegenseite gibt es die Institution des Parlaments nicht, das, durch eigenes Ansehen und alte Traditionen gekräftigt, Schritt um Schritt die Macht hätte an sich bringen können. Was es statt dessen gibt, ist etwas ganz anderes: das Beamtentum. Es wird zum eigentlichen Erben des friderizianischen Staates und, je länger, je mehr, zum wirklichen Inhaber der Macht.

Das preußische Beamtentum stellt im wesentlichen eine Schöpfung des 18. Jahrhunderts, also der großen Könige dar, besonders Friedrich Wilhelms I. Es spiegelt die spezifische Modernität Preußens, den organisatorischen Vorsprung vor anderen Staaten, der den Aufstieg des armen Agrarlandes zur Großmacht erst ermöglicht. Denn, wie Max Weber gesagt hat: »In einem modernen Staat liegt die wirkliche Herrschaft, welche sich ja weder in parlamentarischen Reden noch in Enunziationen von Monarchen, sondern in der Handhabung der Verwaltung im Alltagsleben auswirkt, notwendig und unvermeidlich in den Händen des Beamtentums ... Wie der sogenannte Fortschritt zum Kapitalismus seit dem Mittelalter der eindeutige Maßstab der Modernisierung der Wirtschaft, so ist der Fortschritt zum bürokratischen, auf Anstellung, Gehalt, Pension,

Avancement, fachmäßiger Schulung und Arbeitsteilung, festen Kompetenzen, Aktenmäßigkeit, hierarchischer Unter- und Überordnung ruhenden Beamtentum der ebenso eindeutige Maßstab der Modernisierung des Staates.«

Die frühzeitige und in vieler Hinsicht vorbildliche Entwicklung des preußischen Beamtentums wird im Vergleich sichtbar. In England entsteht ein leistungsfähiger civil service erst um die Mitte des 19. Jahrhunderts, in den Vereinigten Staaten als ein vom »Beutemachen« der jeweils siegreichen Partei halbwegs unabhängiges Berufsbeamtentum sogar erst im 20. Jahrhundert. In Rußland bleibt, wie in so vielen anderen Ländern, die Korruption notorisch. In Frankreich entwickelt sich zwar mit dem königlichen Absolutismus eine bedeutende Verwaltungstradition. Aber bis zur Revolution von 1789 bleibt sie an das unheilige Bündnis mit der Käuflichkeit oder gar Erblichkeit von Staatsämtern geschmiedet, so daß im Grunde doch erst Napoleon die französische Bürokratie auf das Niveau gehoben hat, das sie seither so eindrucksvoll verteidigt.

Wie alles Neue fordert natürlich auch die Entwicklung des preußischen Beamtentums ihren Preis. Wie Kinderkrankheiten als Seuchen umgehen, so erweist sich in der Frühphase – auch oder gerade in der Regierungszeit des Soldatenkönigs – die Bestechlichkeit als epidemisch. Die Ämterhäufung und die Ämterpatronage stehen in voller Blüte, und der niemals abreißende Streit um Kompetenzen in einer Verwaltungsorganisation, die Altertümliches und Modernes in wirrer Gemengelage vermischt, schafft unendliche Reibungsverluste. Die Kollegialorgane, die Friedrich Wilhelm I. aus Mißtrauen gegen die Willkür des Einzelbeamten bevorzugt, führen außerdem zu notorischer Verantwortungsscheu. Aber das alles sind weitgehend tatsächlich Kinderkrankheiten, die Schritt um Schritt ausgerottet werden oder von selbst verschwinden, je weiter die Entwicklung fortschreitet. Im 19. Jahrhundert erreicht die preußische Verwaltung dann einen Gipfel der Leistungsfähigkeit. Und die Beamten eignen sich ein Dienstethos an, von dem man nicht im Sinne eines unkritischen Patriotismus, sondern einer nüchternen Feststellung mit Fug sagen kann, daß es Vergleichbares nie zuvor oder seither und auch kaum einmal anderswo gegeben hat.

Wie es freilich zu gehen pflegt: Wenn Kinder heranwachsen und sich als tüchtig erweisen, wollen sie die Vormundschaft ihrer Ziehväter nicht länger hinnehmen. In der Spätzeit Friedrichs des Großen hat die hohe Beamtenschaft die autokratische Regierungsweise nur noch widerwillig ertragen. Wenn Mirabeau mit Verblüffung feststellt, daß er am Todestag des Königs kein lobendes Wort zu hören bekommt, vielmehr überall Erleichterung und Hoffnung sichtbar werden, dann darf man vermuten, daß er die Kreise des Adels und des gebildeten Bürgertums in der preußischen Hauptstadt beschreibt, in denen er verkehrt und in denen Beamte das Meinungsbild prägen.

Der Widerwille und die Erleichterung lassen sich nachfühlen. Oft genug hatte die Beamtenschaft Friedrichs Verachtung zu spüren bekommen; aus geringem, manchmal nichtigem Anlaß sahen sich würdige Räte und sogar Minister als Ignoranten, Lumpen, Gauner, Betrüger, Tagediebe beschimpft und bloßgestellt. Mit harter Hand hatte der König in das Verwaltungsgetriebe eingegriffen, nicht selten, nicht nur im Müller-Arnold-Prozeß oder im Fall Ursinus auf fragwürdige Weise. Selbst bei redlicher Pflichterfüllung konnte niemand sich seines Amtes und im Falle des Ausscheidens einer Abfindung oder Pension je sicher sein; zuverlässige Regelungen gab es noch nicht. Und die Einführung der »Regie« mit französischen Steuereintreibern stellt eine Mißtrauens-, um nicht zu sagen eine Kriegserklärung an die eigene, einheimische Beamtenschaft dar.

Nun mag eine »Furcht des Herrn« durchaus heilsam sein, um bürokratischen Apparaten die eingesessene Trägheit auszutreiben. Noch Bismarck hat drastisch erklärt: »Um eine Staatsverwaltung in tüchtigem Gang zu erhalten, müßten alle drei Jahre einige Minister, einige Generale und ein Dutzend Räte füseliert werden; man müßte alle Beamten mit dem fünfzigsten Jahre wegjagen.« Weit schwerer wiegt jedoch etwas anderes: Wenn fachmäßige Schulung, Arbeitsteilung, feste Kompetenz und Aktenmäßigkeit zu den Merkmalen einer modernen Bürokratie gehören, dann wirken Eingriffe von außen selbst bei noch so guter Absicht ihrem Wesen nach unsachlich und störend. Jeder, sogar ein großer König, wird im komplizierten Getriebe einer Staatsverwaltung gegenüber der spezialisierten Kompetenz des Fachbeamten notwendig zum Laien, zum Dilettanten. Der Mann an der Spitze kann die »Richtlinien der Politik« bestimmen, nicht jedoch die Arbeit am Detail. Gerade der Durchgriff ins Detail ist es jedoch, der Friedrichs Regierungsweise kennzeichnet, zu seinem Ruhm zwar bei den Laien und den Nachgeborenen, die an ihren Stammtischen von solchem Durchgreifen schwadronieren, aber sehr zum Leidwesen der betroffenen Staatsdiener. Es ist also nicht erstaunlich, sondern völlig verständlich, wenn gerade die hohe und kompetente Beamtenschaft, die das königliche Erbe antritt, sich distanziert zeigt und auf die Reformen drängt, die dann nach dem Zusammenbruch des friderizianischen Staates zum Zuge kommen.

Was aber hat nun den preußischen Beamten seit dem 18. Jahrhundert so beispielhaft leistungstüchtig gemacht? Um diese Frage zu beantworten, ist vorab an die gesellschaftlichen und wirtschaftlichen Verhältnisse zu erinnern, von denen in früheren Kapiteln schon die Rede war. Für die

Söhne des ostelbischen Adels eröffnet neben der Offizierslaufbahn die Beamtenkarriere eine Möglichkeit, dem drohenden sozialen Abstieg vorzubeugen. Für die Angehörigen eines seit dem Dreißigjährigen Krieg langfristig ruinierten Bürgertums geht es indessen um den Anschluß nach »oben«: Der Eintritt ins Beamtentum schafft nicht nur materielle Sicherheit, sondern auch – womöglich noch wichtiger – Ansehen und Selbstbewußtsein. Denn in den höheren Rängen der Beamtenschaft mischen sich die Stände; der Bürger tritt neben den Adligen. Übrigens mangelt es an Alternativen. Die Großstadt und das Großbürgertum, Industrie und Fernhandel, Börsensaal, französischer Salon, britisches Parlament, alle diese Elemente einer Bewegung zu ökonomischer und politischer Unabhängigkeit gibt es entweder gar nicht oder nur in Kümmer- und Verspätungsformen. Was es gibt, ist eine Bildungsbewegung, die wenigstens im »rein Geistigen« gegenüber der höfisch-aristokratischen Gesellschaft konkurrenzfähig macht. Doch »Bildung« wird zugleich zum Passepartout, zum Zauberwort und Zauberschlüssel, wie sonst vielleicht nur noch im klassischen China der Mandarine: Bildungspatente eröffnen den Zugang zu den höheren Rängen des Beamtentums. Nicht von ungefähr gehört in der nachfriderizianischen Zeit eine beispielhafte Entwicklung des höheren Bildungswesens zu den preußischen Leistungen, bis hin zur Humboldtschen Universitätsreform, die für ein Jahrhundert die Spitzenstellung des deutschen Gelehrten in der Welt begründet.

Der Staat als das Ziel allen Strebens: Dies hat Spuren hinterlassen; es gehört zum preußischen Erbe unserer politischen Kultur bis heute. Man denke an den Begriff des Staatsbürgers, man vergleiche: Es wäre höchst sonderbar, wenn man dem französischen citoyen ein »d'état« anhängen oder dem anglo-amerikanischen citizen ein »state-« vorsetzen wollte. Denn im citoyen oder citizen ist das Allgemeine, das Gemeinwesen immer schon angelegt. Der Staat soll ihm dienen, und an dem Maße, in dem er seine Dienstfunktion erfüllt oder verfehlt, ist er jederzeit kritisch zu messen. Kaum weniger sonderbar muß es sich in westlicher Perspektive ausnehmen, wenn wir von politischer Bildung erwarten, daß sie die junge Generation zu guten Staatsbürgern erzieht, um sie damit von Staats- mehr noch als von Bürgerverdrossenheit abzuhalten – oder wenn die Reformer der Bundeswehr den »Staatsbürger in Uniform« erfanden, so, als sei der bloße, gleichsam nackte Bürger eigentlich schon ein minderwertiger und pflichtvergessener.

Weitere Vergleiche drängen sich auf, von den Aufregungen um vermeintlich oder wirklich Radikale im öffentlichen Dienst bis zur Auffassung vom Streik gegen den Staat, der in vielen westlichen Ländern ebenso geläufig ist, wie er hierzulande den Untergang des Abendlandes anzukündigen scheint. Doch um es sarkastisch auszudrücken: Vielleicht steckt im Begriff des Staatsbürgers unsere besondere, spätpreußische Form von demokratischem Fortschritt. Denn in gewissem Sinne wird in ihm verallgemeinert, was einst das Privileg einer Minderheit war: Staatsdiener zu sein. Hegel hat die Beamten den »allgemeinen Stand« genannt, weil sie und nur sie das »Objektive« der Staatsgeschäfte, das allgemeine Wohl zu ihrer Aufgabe haben. Diesem Allgemeinen zu dienen macht ihre Ehre, ihr Ansehen, ihre Verpflichtung aus und unterscheidet sie vom gewöhnlichen Bürger, das heißt vom Untertanen, für den Ruhe und Gehorsam die ersten und einzigen politischen Pflichten bleiben.

Versteht man es so, aus der preußischen Prägung unserer politischen Kultur, dann wird das Sonderbare durchaus plausibel. Diese Prägung ist ohne die Ausgangssituation, ohne den Kontrast zwischen einem modernen, hochorganisierten Staat und einer armen, weithin rückständigen Gesellschaft nicht zu denken. Der Kontrast besagt, daß einzig der Eintritt in das Beamtentum einen Weg aus der Misere bahnt. Und so hat auch Hegel nicht Untertanen und Unterschichten verhöhnt, sondern die preußisch-deutsche Realität seiner Zeit beschrieben, wenn er sagt: »Die Mitglieder der Regierung und die Staatsbeamten machen den Hauptteil des Mittelstandes aus, in welchen die gebildete Intelligenz und das rechtliche Bewußtsein der Masse eines Volkes fällt.«

Die Konsequenz liegt auf der Hand. Wo es nur den einen Weg zum Aufstieg und kaum eine Alternative gibt, da wird jeder, dem Talent, materielle und gesellschaftliche Voraussetzungen nur halbwegs die Möglichkeit dazu bieten, auf diesen Weg drängen, sei er auch noch so steinig. Alle Fähigkeiten werden konzentriert, die sich unter anderen Umständen auf viele Gebiete verteilen. Die Anforderungen und das Leistungsniveau steigen; man kann Spitzenleistungen geradezu züchten. Es ergibt sich für eine privilegierte Gruppe, was man sonst so oft an diskriminierten Minderheiten – etwa den Juden – beobachten kann: Wenn ihnen die meisten herkömmlichen Berufe keine Chancen bieten, entwickeln sie auf dem Felde, das ihnen bleibt, herausragende Tüchtigkeit. Sie zeigen sich jeder Konkurrenz gewachsen oder sogar überlegen.

Das preußische Bürgertum befindet sich genau in der Doppelsituation von Diskriminierung und Privilegierung, die das Leistungsverhalten herausfordert und in eindeutiger, freilich auch einseitiger Profilierung dauerhaft einprägt: Als gewöhnlicher Bürger sieht man sich mit einem Obrigkeitsstaat konfrontiert, dessen entscheidende Kommandoposten der Adel besetzt hält, der zugleich die Rangordnung des Sozialprestiges bestimmt. Allein durch Bildung kann man mit diesem Adel konkurrieren. Und Bildung ermöglicht den Übertritt ins Beamtentum, in dem man seinen vielleicht bescheidenen, aber doch deutlichen Anteil am Privileg der Herrschenden gewinnen kann. Das Ergebnis hat in der Zeit vor dem Ersten Weltkrieg ein Beobachter beschrieben: »Fast alle akademisch Gebildeten galten als Beamte, und die es nicht waren, wollten scheinen, es zu sein. Die Beamten der sich selbst verwaltenden Städte wurden wenigstens ›mittelbare‹ Staatsbeamte. Es trat eine Steigerung der Anforderungen an die Universitätsbildung des höheren Beamtentums ein, aber unbeschadet der Begünstigung ehemaliger Offiziere und unter Beibehaltung der Bevorzugung des Adels. Der Staat war monopolisiert in einer ausgedehnten Berufsklasse, die eine Aristokratie mit geistigem Zensus darstellte, aber feudalen, höfischen und militärischen Einflüssen ausgesetzt.« Die mittleren und höheren Angestellten in der inzwischen aufkommenden Industrie gewöhnten sich bald an die Bezeichnung – und an die Verhaltensweise – von »Privatbeamten«. Auch Domänenpächter wurden vielfach als Beamte bezeichnet, und die angestellten Gutsinspektoren, Förster und Rentmeister auf ostelbischen Rittergütern hießen in der Regel – zum Teil bis 1945 – kurzweg »die Beamten«. Wenn man wollte, könnte man damit die preußische Gesellschaft gut marxistisch als Klassengesellschaft charakterisieren. Nur müßte man entgegen den

Lehrbuchweisheiten gleich hinzufügen: Nicht die Grenzlinie zwischen Bourgeoisie und Proletariat, sondern die Scheidung von Beamten und Nichtbeamten bestimmt die Klassenlage und – vor allem – das Klassenbewußtsein.

Die politischen Folgen dieser Konstellation sind seltsam und zwiespältig genug. Die Bürokratie bekämpft das Erbe, das sie antritt; die Reformen, die sie anstrebt und durchsetzt, dienen immer auch dazu, die eigene Macht zu befestigen und die königliche zurückzudrängen. Unmerklich zwar, aber stetig wechselt die Macht den Besitzer. Das Königtum verliert, die Bürokratie gewinnt. Wer will, kann das eine Revolution nennen. Diese preußische Revolution stößt freilich an Grenzen – und zwar nicht deswegen, weil formell noch immer der König die Gesetze unterzeichnet, die Beamten ernennt und die Bajonette kommandiert. Damit ließe sich fertig werden, wie in England, wo am Ende alles im Namen des Königs geschieht, aber nichts mehr von ihm bewegt wird. Doch die bürokratische Herrschaft braucht Rechtfertigung, eine Legitimation, die sie sich nicht selbst beschaffen kann. Die Beamten dienen in der Nachfolge Friedrichs dem Staat, und es ist bezeichnend, daß am Anfang des 19. Jahrhunderts der Begriff der Staatssouveränität ins Spiel gebracht wird. Aber was läßt sich politisch damit anfangen, wem dient der Staat? Seit 1789 ist der große Kampf zwischen zwei Heerlagern entbrannt; es geht um die Legitimität und die Souveränität von »oben« oder von »unten«, um Fürstenmacht oder Volksherrschaft.

Verständlich genug entscheidet sich die Bürokratie in diesem Kampf für den Schwächeren, für den, der die eigene Macht am wenigsten bedroht. Daher wird das Bemühen um Reformen vor und nach 1807 bestimmt von Liberalität: Die Selbstverwaltung nicht nur in den Städten, sondern insgesamt die Eigenverantwortung des Bürgers soll gestärkt werden. Aber im Fortgang des 19. Jahrhunderts ändern sich die Vorzeichen. Denn in dem Maße, in dem gesellschaftliche Kräfte sich politisch formieren und Parteien entstehen, die zur Parlamentarisierung drängen, entsteht das Schreckbild eines Regierungssystems, das, vom Parlament her, die Bürokratie wirksamer Kontrolle unterwerfen könnte. Das heißt: Die Bürokratie rückt ins konservative Lager hinüber, sie tritt zum Kampf an gegen »Reichsfeinde«, »vaterlandslose Gesellen« und überhaupt gegen alle, die Parlamentarismus und Demokratie auf ihre Fahnen schreiben. Gleichzeitig wird die Monarchie, in deren Namen man so bequem regieren kann, aufgewertet, mit Glanz umgeben und als angeblich der preußischen und deutschen Wesensart einzig bekömmliche Regierungsform gepriesen. Hier zeigt sich die politische Funktion der Glorifizierung Friedrichs des Großen, die um die Mitte des 19. Jahrhunderts einsetzt.

Im einzelnen handelt es sich beim Übergang der Bürokratie von der Liberalität zum Konservatismus natürlich um einen langwierigen, komplizierten und konfliktreichen Prozeß. Beamte sind Menschen in ihrem Widerspruch wie andere, und erst recht gilt das für ihre Vielzahl in einer keineswegs einheitlichen Korporation. Aber das Ergebnis ist eindeutig, und die Folgen wiegen schwer.

Sie treffen zuerst die Institution, die angeblich verteidigt werden soll: die Monarchie. Denn weil sie zum Aushängeschild der konservativen Kräfte geworden ist, die die parlamentarische Regierungsverantwortung bekämpfen und blockieren, weil sie damit im Namen ihrer Überparteilichkeit als Waffe gegen die demokratischen Parteien eingesetzt und mißbraucht wurde, stürzt sie mit dem Umbruch der Machtverhältnisse im November 1918. Die Bürokratie allerdings überdauert das Ende des alten Staates nahezu unberührt, indem sie die Monarchie praktisch ohne Widerstand opfert und sich selbst hinter der Schutzbehauptung ihrer Überparteilichkeit verschanzt. Genau damit aber wird die neue oder vielmehr die alte Frontstellung bezeichnet: der Kampf gegen die Demokratie. Denn in der Demokratie bestimmen Parteien als parlamentarische Mehrheiten die Regierung. Wird die Überparteilichkeit zum Maßstab genommen, dann liegt darin die Abwertung, die Verachtung der demokratischen Kräfte und Institutionen schon beschlossen. Gustav Radbruch, als demokratischer Jurist in der Weimarer Republik eine Ausnahmeerscheinung, hat so klar wie hart gesagt: »Die Überparteilichkeit ist die Lebenslüge des Obrigkeitsstaates.« Doch diese Lebenslüge kennzeichnet mit wenigen Ausnahmen die Haltung der Verwaltungsbeamten, der Richter und Staatsanwälte, der Professoren und Lehrer.

Es war ein symbolträchtiger Vorgang, als 1925 nach der Wahl des kaiserlichen Feldmarschalls Paul von Hindenburg zum Reichspräsidenten eine Gedenkmünze mit dem Ausspruch des Geehrten geprägt wurde, der es wert schien, den Kindern und Enkeln überliefert zu werden: »Für das Vaterland beide Hände, aber nichts für die Parteien.« Guten Gewissens leistete Hindenburg den Eid auf eine Verfassung, deren Kernstücke, nämlich Parteiensystem und Parlamentarismus, sein Ausspruch verneinte. Nicht nur, aber auch und wesentlich daran, an der Obstruktion ihrer Repräsentanten, an der Feindschaft der herrschenden Klasse, an dieser verbissenen Illiberalität ist die erste deutsche Republik zugrunde gegangen.

Die Sieger des Zweiten Weltkrieges haben Preußen schuldig gesprochen und für tot erklärt. Aber ein langes Sterben war vorausgegangen, schon seit dem 18. Januar 1871. Mit Recht hat Wilhelm I. die Kaiserproklamation von Versailles als Grablegung des alten Preußen empfunden und unter Tränen bekannt: »Dies ist der traurigste Tag meines Lebens.« Inzwischen scheint die Vorahnung Friedrichs des Großen mehr als erfüllt, daß Preußen spurlos verschwinden würde. In das Staatsgebiet, das der König vor zweihundert Jahren hinterließ, teilen sich heute zehn Länder der Bundesrepublik Deutschland, Rußland und – mit dem bei weitem größten Anteil – Polen. Nichts also ist geblieben – nichts Handgreifliches jedenfalls. Wenn es überhaupt ein Erbe gibt, muß es im Geistigen liegen, im Bereich der Tugenden. Aber was hat es mit diesen vielgerühmten Tugenden auf sich, und wie sollen wir zu ihnen uns stellen?

Sebastian Haffner hat sie so beschrieben: »Pflichterfüllung war in Preußen das erste und oberste Gebot und zugleich die ganze Rechtfertigungslehre: Wer seine Pflicht tat, sündigte nicht, mochte er tun, was er wollte. Ein zweites Gebot war, gegen sich selbst gefälligst nicht wehleidig zu sein; und ein drittes, schon schwächeres, sich gegen seine Mitmenschen – vielleicht nicht geradezu gut, das wäre übertrieben, aber: anständig zu verhalten. Die Pflicht gegen den Staat kam zuerst. Mit diesem Religionsersatz ließ sich leben, und sogar ordentlich und anständig leben – solange der Staat, dem man diente, ordentlich und anständig blieb. Die Grenzen und Gefahren der preußischen Pflichtreligion haben sich erst unter Hitler gezeigt.«

Fragen drängen sich da freilich auf, Einwände – selbst dann noch oder erst recht, wenn man zur Pflichterfüllung noch Verschwistertes hinzuzählt: Fleiß und Leistungsbereitschaft, Ordnungssinn und Genauigkeit, Sparsamkeit und Pünktlichkeit. War es unter Hitler nicht längst zu spät? Machte eine Generationen hindurch eingeübte Pflichterfüllung nicht hilflos und unfähig zum Widerstand, als der Staat eben nicht mehr anständig, sondern verbrecherisch regiert wurde? Oder womöglich noch schlimmer: Hat dieser Religionsersatz nicht das Verbrechen mit dem guten Gewissen gepanzert? Darauf, nur ihren Dienst, ihre Pflicht getan zu haben, konnten sogar die sich berufen, die die Mordmaschine des »Holocaust« bedienten. Darauf haben sie sich berufen.

Im Ursprung allerdings handelt es sich gar nicht um spezifisch Preußisches, sondern um klassische Bürgertugenden; ihre religiöse Wurzel liegt im Protestantismus, in den Spielarten und Mischformen von Luthertum, Calvinismus und Pietismus. Bis heute kann man zum Beispiel in Württemberg am Werk sehen, was das bedeutet, ohne daß jemand Anstoß nimmt. In Preußen wurden die frommen Bürgertugenden nur verstaatlicht und von »oben« her anerzogen, weil es ein tatkräftiges Bürgertum nicht gab.

Richtig und wichtig bleibt in jedem Falle, daß es sich um »Sekundärtugenden« handelt. Das heißt: Die Leistung sagt nicht, wofür sie erbracht wird, die Pflichterfüllung nicht, in wessen Dienst sie steht. Die Frage nach den vorrangigen Werten, nach den Zielen muß daher stets gestellt und beantwortet werden, sonst läßt in der Tat auch das Verbrechen sich rechtfertigen. Aber die Gegenfrage darf nicht vergessen werden: Sind die Primärtugenden, die übergeordneten Werte nicht ihrerseits auf Sekundärtugenden angewiesen, wenn es um ihre Verwirklichung geht? Wem nützen die Proklamationen von »Grundwerten«, von Menschenwürde, Freiheit, Frieden und allem übrigen, wenn niemand sich davon in die Pflicht genommen fühlt? Wie wäre im übrigen ein aktiver Widerstand gegen Hitler möglich gewesen ohne das Pflichtgefühl? Ist es ein Zufall, daß mit dem 20. Juli 1944 so viele Namen aus der preußischen Geschichte im Untergang noch einmal aufleuchten?

Und wie sieht es hier und heute aus, in der Bundesrepublik Deutschland? Paart sich nicht allzuoft eine vollmundige Selbstzufriedenheit mit der Schlamperei – und mit der Gier, sich zu bereichern? Möchte man daher nicht manchmal etwas von den preußischen Tugenden zurückwünschen, etwas, ein weniges nur vom Erbe Friedrichs? Vielleicht wäre es an der Zeit, als Warnung zu überdenken, was Walther Rathenau gesagt hat: »Vergleicht das Heilige Römische Reich und das Deutsche Reich: Was bleibt? Preußen. Vergleicht Österreich und Deutschland: Was bleibt? Preußen. Zieht Preußen von Deutschland ab: Was bleibt? Der Rheinbund. Ein verlängertes Österreich. Eine klerikale Republik.«

Zeittafel
Das Jahrhundert Friedrichs

1701
Kurfürst Friedrich III. als Friedrich I. zum »König in Preußen« gekrönt

1709
Karl XII. von Schweden von Peter dem Großen bei Poltawa besiegt, Ende der schwedischen Großmacht

1712
Friedrich am 24. Januar geboren

1713–1740
Regierungszeit Friedrich Wilhelms I.

1730
Fluchtversuch und Prozeß, Hinrichtung Kattes

1732
Friedrich als Regimentskommandeur in Neuruppin

1733
Verheiratung mit Elisabeth Christine von Braunschweig-Bevern

1736–1740
Freundeskreis in Rheinsberg

1740
Thronbesteigung Friedrichs II. und Maria Theresias

1740–1748
Österreichischer Erbfolgekrieg

1740–1742
Erster Schlesischer Krieg, Schlachten bei Mollwitz und Chotusitz

1744–1745
Zweiter Schlesischer Krieg, Schlachten bei Hohenfriedberg, Soor und Kesselsdorf

1750–1753
Voltaire in Sanssouci

1756–1763
Siebenjähriger Krieg

1757
Schlachten bei Prag, Kolin, Roßbach und Leuthen

1758
Schlachten bei Zorndorf und Hochkirch

1759
Schlacht bei Kunersdorf

1760
Schlachten bei Liegnitz und Torgau

1762
Tod der Zarin Elisabeth, Bündniswechsel Rußlands

1763
Friede von Hubertusburg

1765–1790
Kaiser Joseph II.

1772
Erste Polnische Teilung

1778–1779
Bayerischer Erbfolgekrieg

1780
Tod Maria Theresias

1786
Friedrich stirbt am 17. August

1789
Französische Revolution

1793
Zweite Polnische Teilung

1794
Allgemeines Landrecht für die Preußischen Staaten

1795
Dritte Polnische Teilung

*Ein repräsentativer
Text-Bildband*

CHRISTIAN GRAF VON KROKOW
KARL-HEINZ JÜRGENS

Friedrich der Große
Lebensbilder

Christian Graf von Krockow und Karl-Heinz
Jürgens haben in Wort und Bild die Lebens-
stationen des bedeutendsten aller preußischen
Könige nachgezeichnet. Anhand vieler, bislang
unveröffentlichter Fotos sowie zeitgenössischer
Dokumente wird die komplexe und widersprüchliche Persönlichkeit Friedrichs, der als
»der Große« in die Geschichte eingegangen ist,
vor den Augen des betrachtenden Lesers auf
eindrucksvolle Weise lebendig.

224 Seiten, 149 Abbildungen, davon 68 in
Farbe, 26 zeitgenössische Dokumente. Leinen.

GUSTAV
LÜBBE
VERLAG